R 20478

1775

Ferguson, Adam

Institutions de philosophie morale...

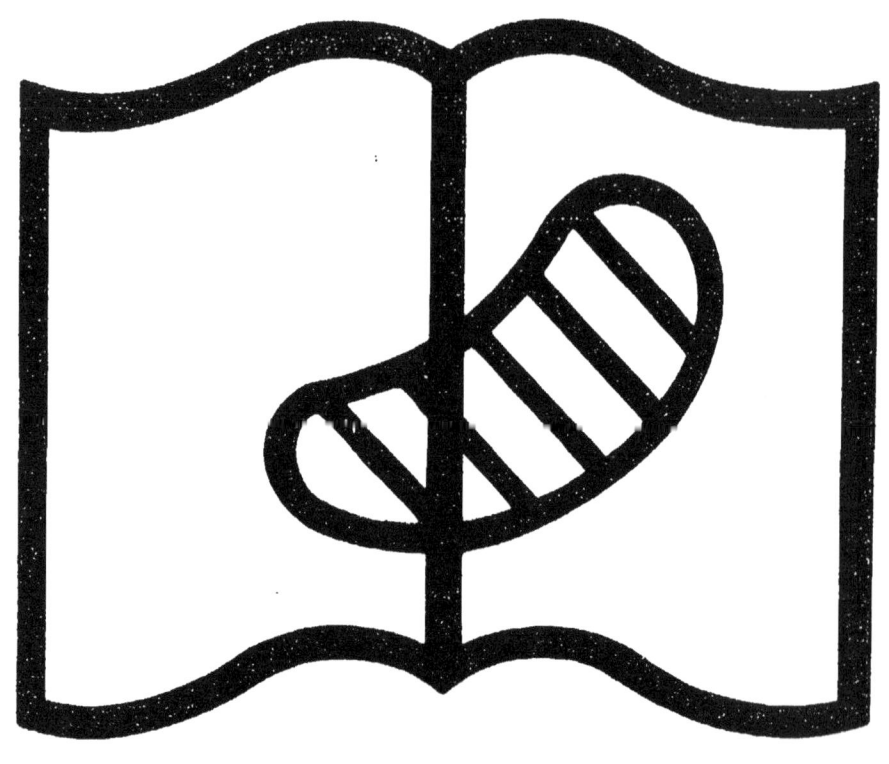

Symbole applicable
pour tout, ou partie
des documents microfilmés

Original illisible

NF Z 43-120-10

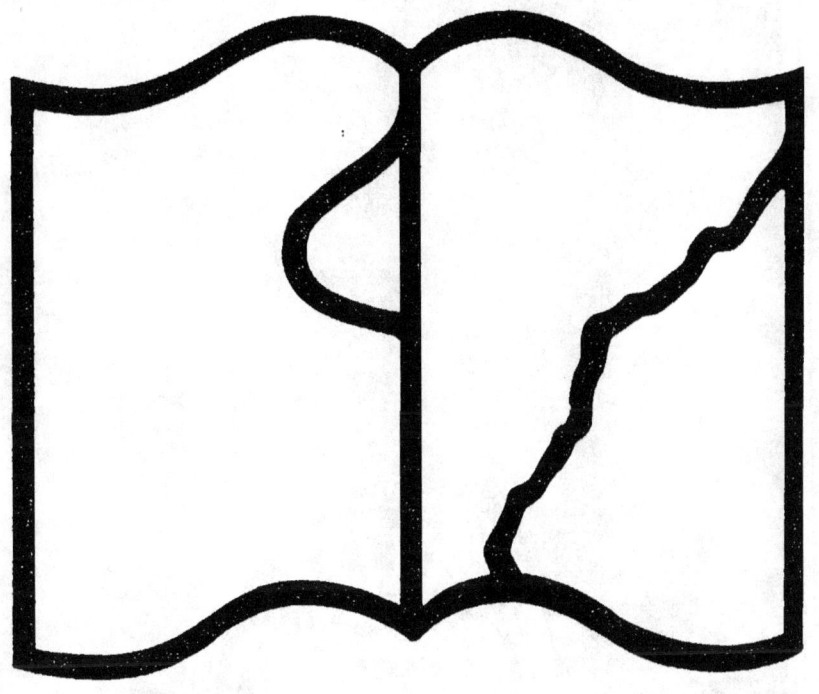

Symbole applicable
pour tout, ou partie
des documents microfilmés

Texte détérioré — reliure défectueuse

NF Z 43-120-11

R
2936
4 н. 6.

INSTITUTIONS DE PHILOSOPHIE MORALE.

Traduites de l'Anglois de Monsieur FERGUSSON.

A GENEVE,

Chez Cl. Philibert & Bart. Chirol.

1775.

PRÉFACE
DU
TRADUCTEUR.

Depuis que l'expulsion des Jésuites a donné lieu à s'occuper en France de la réforme des écoles, ç'a été le vœu général des Magistrats & des Sages qu'on publiât des Livres propres à l'instruction publique. On a désiré sur-tout que la morale se dégagât de ce cortége d'érudition, de ces subtilités scholastiques, de ces théories dogmatiques, dont elle fut chargée au sortir de la barbarie ; qu'elle ne fût point aussi livrée aux déclamations vagues de ceux qui prêchent la vertu sans la définir, qui la prescrivent sans égard à nos forces ou à notre raison, qui nous tirent de nous-mêmes, de notre patrie, de nos affaires, pour nous égarer dans un monde de perfections, bien éloigné de celui que nous habitons. On a mieux vu qu'une science nécessaire aux hommes ne doit pas être tirée de principes abstraits & inintelligibles à la plûpart ; mais qu'on en doit déduire toutes les maximes de ce qui se passe en nous & autour de nous; qu'une science nécessaire à toutes les nations, ne doit pas être fondée sur les dogmes de quelques-unes; que dans un objet qui nous intéresse par deſſus tout, on devoit chercher l'évidence la plus complette; qu'enfin il ne ſuffiſoit pas de convaincre; qu'il falloit allumer cette chaleur active qui fait ſurmonter les préjugés, l'indolence, les paſſions & les obſtacles. Ajoûtons que les eſprits étant d'une capacité inégale & les caractères infiniment variés, la multiplicité des livres, qui eſt ſouvent nuiſible ailleurs, ſeroit fort utile en morale; & qu'on pourroit faire ſur ce ſujet, plus que ſur tout autre, des ouvrages différens, ſans que les uns rendiſſent les autres ſuperflus.

Voici ce me ſemble, ce qu'on exigeroit d'un cours imprimé pour l'uſage d'un profeſſeur & de ſes diſciples. Il faudroit qu'il n'eut pas aſſez d'étendue pour que le diſciple ſe crut diſpenſé d'écouter les leçons du maître; que le profeſſeur trouvât cependant ſa route tracée, ſes définitions, ses maximes, ses aphorismes, qu'il n'eût besoin que de lier les propositions en rapprochant les conséquences de leurs principes éloignés, d'expliquer par des exemples ce qui seroit trop abstrait, de développer ce qui ne seroit qu'indiqué, de montrer les usages pratiques des principes qui ne sont qu'énoncés, d'exposer avec impartialité les opinions contraires & les raisons par lesquelles on les soutient. Ainsi le disciple, de retour chez lui, auroit un moyen facile de se rappeller ce qu'on lui auroit dit, de le recueillir en ordre, de le conserver tout le reste de sa vie.

J'ai cru que ces *Institutions* étoient un modèle de ce genre de composition; que malgré leur brieveté, elles contenoient une matiére immense; qu'avec une tournure & des vues neuves on y re-

DU TRADUCTEUR.

trouveroit le fruit & le sommaire d'une lecture très-vaste, digérée par une méditation profonde.

Il m'a semblé en un mot que cette traduction seroit utile aux maîtres qui ont besoin d'un texte, & à ceux qui après avoir beaucoup lû & étudié voudroient mettre leurs idées en ordre, les récapituler, les rectifier.

Ce n'est pas que je veuille faire envisager ce cours comme parfait. En philosophie il vaudroit souvent mieux se tromper, que de soumettre son jugement sans aucune reserve. Que le maître qui suivra ces institutions ne les employe qu'à se prescrire un ordre plus déterminé; qu'il ose les combattre lorsqu'il croira voir ailleurs la vérité; il en résultera au moins cet avantage, que le disciple à son tour ne regardera pas son professeur comme infaillible; qu'il osera discuter : & pourvû qu'il ne se hâte pas trop de prononcer, il aura retiré de ses leçons le goût de la vraie philosophie.

Ce ne seroit rien encore s'il n'y avoit apris qu'à raisonner ; je suis sûr que la méditation de cet abrégé rendra les hommes meilleurs, & voilà ce qui m'a engagé surtout à le traduire. Il m'a été impossible de ne pas y voir ces maximes qui partent d'une grande ame & qui tendent à la former.

Qui est-ce qui lira l'article des opinions qui nous rendent heureux ou malheureux sans que son cœur y profite ? (*)

Voilà l'espèce de philosophie qu'on doit souhaiter pour soi, pour ses amis, & pour ceux avec qui on a des relations. Elle n'est d'aucune secte en particulier, elle est

pro-

____
(*) Part. IV. Ch. III. Sect. IV. & V.

propre à tous les hommes ; & ceux-là seuls qui sont déja très corrompus oseront la combattre.

La traduction Allemande de Mr. Garve de Leipzig m'est parvenue lorsque la mienne étoit déjà faite. J'ai eu le plaisir de voir que j'avois jugé en tout ceci comme ce philosophe. Quoique son païs fourmille d'élémens destinés à l'usage des leçons publiques, & que chaque Université en produise sans cesse, ses compatriotes ont distingué ceux-ci comme ils le méritent.

J'ai éprouvé ce que les principes de l'auteur faisoient prévoir ; que les langues manquent souvent tout-à-fait d'équivalent pour traduire: „ L'Abstraction est arbitraire jus-
„ qu'à un certain point dit Mr. Fer-
„ gusson. — Les termes de louange
„ & de blâme n'ont point d'équi-
„ valent précis en différens lan-

,, gages ; parce que les hommes ,, combinent diverfement, fous dif- ,, férens termes ce qu'ils regardent ,, comme un mérite ou un démé- ,, rite " (*) Le mot *d'émulation* par exemple ne répond pas tout-à-fait en françois à la définition de l'auteur, celui de *rivalité* non plus, ni celui de *jaloufie*. J'ai joint au mot *d'émulation* celui de *rivalité* afin de faire mieux comprendre le fens de l'auteur, quoique par l'ufage de notre langue ces deux mots ne répondent pas encore parfaitement à fon idée. Des exemples pareils ont donné lieu au traducteur allemand de faire plufieurs remarques très-intéreffantes.

Nous avons en françois une autre difficulté, c'eft l'irrégularité de nos dérivations. On s'en apperçoit peut-être moins, dans le

---

(*) Part. I. ch. II. Sect. VII. Part. IV. ch. III. Sect. XI.

langage de l'éloquence & de la poësie; elle peut même quelquefois y contribuer à l'élégance ou à la force; mais quand il s'agit de s'exprimer avec une précision rigoureuse, on manque souvent de mots, ou ceux qu'on rencontre tirent de leur étymologie un sens accessoire qui les étend ou les restreint, ensorte qu'ils restent au-deçà du but, ou qu'ils le passent. — Dans ce même article de *l'émulation* l'adjectif manque tout-à-fait car *émule* ou *rival* exprime une relation entre deux personnes, & non pas une diposition générale de l'ame. Les émules tendent au même but qu'ils peuvent tous atteindre; les rivaux cherchent à s'exclure réciproquement de la possession d'un même avantage.

Ici la langue n'est pas assez riche en dérivés. Entre les moyens d'acquérir, l'auteur compte le délit d'autrui, l'acquifition *ex delicto* qu'on nomme en anglois *forfaiture* : le mot de *confifcation* qu'on y fubftitue d'ordinaire n'a pas pu être employé, parce qu'il n'indique pas le tranfport de propriété entre particuliers pour *dommages & intérêts* ; mais le dépouillement du particulier en faveur du *fifc* ; voila où la dérivation embarraffe. *Forfaire* & *forfaiture* font des mots françois que le tems nous a enlevés comme beaucoup d'autres.

Je ne parle de ces difficultés que pour excufer ce qui pourroit paroître une faute, & qui n'a pu être mieux. Je fai que malgré quelques obftacles il n'y a aucun mérite littéraire à exprimer clairement & fidélement ce qu'un autre a penfé. Cependant je dois l'avouer, cette traduction auroit été encore plus défectueufe fi l'auteur n'avoit eu la complaifance de revoir mon maa été fort goutée. Bacon eſt maintenant de toutes les nations ; d'ailleurs celui de ſes ouvrages dont il s'agit ſe trouve preſque tout entier dans un livre françois ſur *l'interprétation de la Nature.* Toutes les langues ont répandu, tous les peuples ont adopté l'inſtruction de l'Impératrice de Ruſſie, qui devroit être la profeſſion de foi des ſouverains. *Les recherches de Mr. Reid ſur l'entendement humain* ſont traduites depuis quelques années. *L'eſſai ſur l'hiſtoire de la ſociété civile* eſt déja imprimé en grande partie à Paris & annoncé depuis longtems. *Hermes* ou la grammaire générale de Mr. Harris eſt à la vérité un ouvrage unique : on n'y ſuppléeroit point entiérement par la Grammaire générale & raiſonnée, ni même en raſſemblant les bons articles de l'encyclopédie de Paris, ſoit de Mr. du Marſais, ſoit de quelques autres auteurs, mais on trouveroit dans ces sources dequoi faire un excellent choix pour jetter incidemment quelques principes sur les langues & leur origine dans une histoire philosophique de l'homme (*). J'en dis autant de l'ouvrage de Mr. Baxter *sur l'immatérialité de l'ame*; on trouvera dans notre langue quelques équivalens en attendant qu'on le traduise — si toute

―――――――――――――

(*). M *Harris* auteur *d'Hermes* cite avec éloge la grammaire générale & raisonnée; & je trouve dans sa préface un passage contre les préventions nationales, que je ne puis m'empêcher de citer ici.

„ Le vulgaire, dit-il, en toute nation,
„ connoît peu ce qui se passe ailleurs,
„ & se persuade aisément qu'il n'y a
„ rien au-delà de sa sphère étroite qui
„ mérite d'être connu. Séparés par notre
„ position du reste du monde, nos
„ études se bornent trop souvent aux
„ ouvrages de nos compatriotes; nous
„ croions qu'en philosophie, en poësie,
„ en

nuscrit. Il m'a fourni sa seconde édition sur laquelle j'ai retraduit presque toute la quatriéme partie qu'il avoit refondue. C'est cette quatriéme partie qui contient le plus de philosophie, de vues neuves, & dans laquelle cependant on retrouvera le plus de la morale des anciens. Je crois qu'elle plaira également aux sages & aux savans. Elle n'est point ici tout-à-fait conforme à l'original imprimé; Mr. Fergusson m'a communiqué de nouveaux changements qu'il a souhaité que je suivisse & sur lesquels j'ai fait ce qu'il a desiré avec une docilité qu'il inspire aisément.

Il n'en a pas été de même d'un retranchement qu'il avoit fait d'abord sur mon manuscrit. Il avoit effacé toutes les notes où il indique les auteurs dont on peut tirer quelques secours pour commenter ses élémens & suppléer à leur briéveté.

Il alléguoit qu'il avoit souvent renvoyé à son *Essai sur l'histoire de la société civile.* Il craignoit qu'on ne trouvât peu modeste dans l'auteur une méthode nécessaire au Professeur. Je lui ai représenté que si je cédois sur ce point on rétabliroit dans une seconde édition malgré lui & malgré moi ce qu'il auroit effacé dans celle-ci ; & que son livre devant être commenté, on ne pouvoit recourir pour développer ses idées à personne mieux qu'à lui-même. J'avois pensé le premier à ce retranchement par une autre raison ; c'est que les ouvrages indiqués n'étoient pas tous à la portée des lecteurs françois ; mais l'impartialité de l'auteur ne lui a pas permis de se borner à ceux de sa nation. Il a renvoyé à deux livres dont les françois font leurs délices, l'histoire naturelle & l'esprit des loix ; la théorie des sentimens agréables qu'il indique aussi

fois le gout du siècle permet de l'espérer.

L'auteur a indiqué sur les monnoyes, l'ouvrage de *Harris*. Le *Traité des monnoyes* de Mr. Abot de Bazinghen publié en 1764. fournira pour la France tout ce qu'on peut désirer de faits & d'éclaircissemens.

Sur le période de la vie hu-

„ en tout sujet sérieux ou plaisant, sacré
„ ou profane, la perfection est chez
„ nous, & qu'il est superflu de chercher
„ ailleurs. L'auteur de ce traité est bien
„ éloigné de refuser de justes éloges à
„ ceux de ses compatriotes qui ont illu-
„ stré ce siècle & le précédent ; cepen-
„ dant il ne voudroit pas qu'on poussât
„ l'admiration pour eux jusqu'au point
„ de mépriser aveuglément tout le reste.
„ Si cet excès devenoit général, il en
„ résulteroit un événement bien singu-
„ lier ; c'est qu'un petit nombre d'é-
„ crivains, sans qu'il y eut de leur
„ faute, contribueroient en quelque
„ sorte à l'extinction de la littérature ".

maine Mr. Deparcieux (§) remplacera les auteurs anglois, d'autant mieux qu'il a profité d'eux & de leurs succeffeurs. Les allemands poffédent fur cette matière un ouvrage plus complet & plus étendu : il eft intitulé de *l'Ordre divin dans les viciffitudes de l'efpèce humaine*. La troifiéme édition eft de 1765.

Mr. Süffmilch de l'Académie de Berlin, avoit travaillé toute fa vie à cet ouvrage avec un foin infatigable. Il y a vingt ans d'intervalle entre la premiére & la troifiéme édition. Mr. Euler a aidé l'auteur pour les calculs & pour la revifion de fon ouvrage. Je fuis furpris qu'un pareil livre n'ait pas encore été traduit. Eft-ce le titre théologique qui a nui à la réputa-

(§) *Effai fur les probabilités de la durée de la vie humaine*, Paris 1746. 4°.

tion de l'ouvrage ? Eſt-ce que les livres méthodiques, ſavans & ſérieux effrayent les traducteurs & les libraires ?

Au reſte on voit que les ſources auxquelles les notes renvoyent, ſe rapportent principalement à des matières acceſſoires ou préliminaires.

Pour le reſte il auroit falu donner une bibliographie complette. Qui eſt-ce des anciens ou des modernes qui a traité complétement la morale ? A-t-on un cours de politique ſuffiſant ? Les hiſtoriens, les juriſconſultes, les voyageurs fourniſſent des matériaux ; c'eſt à eux qu'il faudroit recourir ; mais c'eſt l'occupation d'une vie entiére.

Des amis trop prévenus vouloient que j'entrepriſſe de commenter ces inſtitutions. Tant que l'auteur vivra il ne faut pas déſeſpérer qu'il n'écrive & ne publie un jour les discours éloquens qu'il a prononcés à Edimbourg pendant quelques années sur son propre texte. Personne ne peut y suppléer à présent. Si Mr. Fergusson refuse, j'espère que la postérité y pourvoira.

INSTITUTIONS DE PHILOSOPHIE MORALE.

INTRODUCTION.

SECTION I.
De la connoissance en général.

TOUTE connoissance regarde les faits particuliers, ou les régles générales.

La connoissance des faits est antérieure à celle des régles, c'est le premier point nécessaire pour la pratique des arts & pour la conduite des affaires.

Une régle générale est l'expression de ce qui est commun, ou qu'on exige qui soit commun à un nombre de cas particuliers.

Les régles générales sont le résultat de l'observation, ou de la volonté; & par conséquent elles dérivent de l'ame.

La pratique ou la conduite de quelque espèce que ce soit, quoi que dirigée par des régles générales, se rapporte continuellement à des objets particuliers.

Dans la spéculation, nous tâchons d'établir des régles générales. (*)

Dans la pratique nous étudions les cas particuliers, où nous appliquons les régles générales pour y conformer nôtre conduite.

(*) Voyez le *Novum Organum* de Bacon.

SECTION II.

De la Science.

L'Histoire est le recit ou la description d'un assemblage de faits.

On nomme science la collection des régles générales & leur application à des cas particuliers, soit pour les expliquer, soit pour agir en conséquence.

Toute régle générale qui exprime ce qui est de fait, ou ce qui doit être, est nommée *Loi de la nature*.

Une régle générale quand on l'employe à expliquer un fait ou à décider une action, se nomme un *principe*; une explication tirée d'un *principe* se nomme *théorie*.

Les faits individuels qu'on explique ainsi se nomment *phénomènes*.

La méthode en fait de science est de deux sortes, analytique & synthétique.

La méthode analytique est celle qui partant de l'observation du fait établit des régles générales.

La méthode synthétique est celle par laquelle nous allons des régles générales à leurs applications particuliéres.

La première est la méthode de recherche ou de découverte.

La seconde est celle de communication ou d'extension de la science.

Il y a deux sortes d'argumens, *à priori* & *à posteriori*.

Dans l'argument *à priori* le fait se prouve par la loi.

Dans l'argument *à posteriori* la loi est prouvée par le fait.

SECTION III.

Des Loix de la nature.

LEs loix de la nature sont physiques ou morales.

Une loi physique est l'expression générale d'une opération naturelle dont un nombre de cas particuliers sont les exemples.

En toute opération, les hommes sont disposés par leur nature à concevoir un pouvoir qui opére, ou une cause.

Les causes sont de deux sortes, efficientes & finales.

La cause efficiente est l'énergie ou

INTRODUCTION.

le pouvoir qui produit un effet.

La cause finale est le but ou le dessein pour lequel un effet est produit.

En supposant des causes finales nous supposons qu'il existe une intelligence.

Les loix physiques se rapportent seulement aux causes efficientes ; elles sont donc les objets immédiats de la science.

Une loi morale, c'est l'expression générale quelconque de ce qui est bon, & par conséquent propre à déterminer le choix des êtres intelligens.

Une loi physique n'existe que comme un fait.

Une loi morale existe autant qu'elle est obligatoire

Les sujets d'où les loix physiques sont tirées, peuvent être rangés sous quatre principaux chefs. Le méchanisme, la végétation, la vie animale, & l'intelligence.

On n'a point encore montré, quoi qu'on l'ait essayé quelquefois, que les opérations de ces différentes natures dépendent des mêmes loix physiques auxquelles les autres se rapportent.

Les phénomènes de la végétation ne sont point compris sous quelque loi connue que ce soit de méchanisme ; bien moins encore la vie animale ou l'intelligence.

La science morale concerne tout ce qui est susceptible de choix, conjointément avec la nature & les actions des agens volontaires.

L'usage immédiat des loix physiques est la théorie.

Les usages immédiats de la loi morale sont le choix, la pratique & la conduite.

SECTION IV.

De la Théorie.

La théorie consiste à rapporter les opérations particuliéres aux principes ou loix générales, sous lesquelles ils sont compris ; ou à rapporter les effets particuliers aux causes dont ils dérivent.

Indiquer une régle générale ou loi de la nature déjà connue, dans laquelle un fait particulier est compris, c'est rendre compte de ce fait : Ainsi Newton rendit compte des révolutions des planetes, en montrant qu'elles étoient comprises sous les loix du mouvement & de la gravitation.

INTRODUCTION.

Prétendre d'expliquer les Phénomènes en montrant qu'ils font compris fous quelque fuppofition, quelque hypothèfe ; ou en leur appliquant métaphoriquement un langage tiré de tout autre fujet, c'eft une illufion en fait de fcience : ainfi les tourbillons de Defcartes étant une pure fuppofition, ne fournifloient aucune vraye explication du fiftême planètaire : & les termes d'*idées*, d'*images*, ou de *peinture* des objets étant des termes purement métaphoriques, ne fauroient expliquer les connoiflances ou les penfées humaines.

Tous les phénomènes qui ne font compris fous aucune loi connue, font les matériaux propres de l'hiftoire naturelle.

Tous les faits qu'on ne fauroit expliquer par aucune régle antérieurement connue, ou mieux connue que les faits eux-mêmes, peuvent être apellés faits primitifs ou de derniére analyfe.

Il eft évident que toute théorie doit repofer fur des faits primitifs.

Demander une preuve *à priori* pour chaque fait, ce feroit fuppofer que les connoiffances humaines exigent une fuite infinie de faits & d'explications.

SECTION V.

Causes qui ont retardé le progrès de la science.

Les distractions nécessaires dans le cours de la vie.

L'amour des systèmes & l'impatience qui empêche de s'occuper des faits particuliers.

La rivalité des spéculatifs, & l'ambition qu'ils ont d'être chefs de secte, les uns aux dépens des autres.

Les préjugés nationaux ou personnels.

La difficulté d'aller au delà des apparences pour découvrir quelles opérations se ressemblent, & quelles sont différentes.

L'affectation de subtilité ou de nouveauté qui fait contester l'évidence des faits primitifs.

Un vain desir d'expliquer ces mêmes faits.

SECTION VI.

Maximes que la raison veut qu'on suive, dans la spéculation aussi bien que dans la vie commune.

Rien ne doit être établi comme une loi de la nature, jusqu'à ce que ce soit un fait connu de la nature.

Les faits qui sont uniformément vrais autant que s'étendent nos lumiéres sur leur objet, doivent être estimés loix de la nature rélativement à cet objet.

Les loix partielles de la nature ne doivent pas être étendues au delà des conditions & des limitations sous lesquelles nous savons qu'elles ont lieu.

Les phénomènes semblables doivent être raportés aux mêmes loix.

Il ne faut exiger ni preuve ni explication des faits primitifs.

SECTION VII.

De la Philosophie morale.

LA philosophie morale eſt la conoiſſance de ce qui devroit être ; ou l'application des régles qui devroient déterminer le choix des agens volontaires.

Avant que nous puiſſions déterminer des loix de moralité adaptées à une nature particuliére, il faut connoître les faits rélatifs à cette nature particuliére.

Avant de pouvoir déterminer les régles de moralité pour les hommes, il faut connoître l'hiſtoire de la nature humaine, ſes diſpoſitions, les jouiſſances & les douleurs qui lui ſont particuliéres : ſa condition préſente, & ſon attente pour l'avenir.

La pneumatique ou l'hiſtoire phyſique de l'ame, eſt le fondement de la philoſophie morale.

SECTION VIII.

De la Pneumatique.

LA pneumatique traite phyſiquement (*) de l'ame ou de l'eſprit.

Cette ſcience a deux parties ; la prémiére traite de l'homme, la ſeconde traite de Dieu.

La partie qui traite de l'homme, doit contenir l'hiſtoire de ſa nature, & une explication ou théorie des principaux phénomènes de la vie humaine.

La partie qui traite de Dieu, contient les preuves de ſon exiſtence, ſes attributs & ſon gouvernement.

L'hiſtoire de l'homme contient, ou les faits qu'on rencontre en obſervant l'eſpèce en général ; ou ceux que l'individu raſſemble en ſe rappellant ce qui ſe paſſe dans ſon ame.

Les faits de cette premiére claſſe peuvent être nommés l'hiſtoire de l'eſpèce,

_____

(*) C'eſt-à-dire, (ſuivant ce qui a été expliqué au commencement de la ſection III.) en recherchant les *loix* de l'ame dans le premier des deux ſens de ce mot.

& ceux de la seconde l'histoire de l'individu.

Dans la théorie de la nature humaine, on résout les questions rélatives aux caractères des hommes, à la nature de l'ame humaine & à son attente pour l'avenir.

INSTITUTIONS DE PHILOSOPHIE MORALE.

PREMIERE PARTIE.

HISTOIRE NATURELLE DE L'HOMME. (*)

CHAPITRE I.

HISTOIRE DE L'ESPECE.

SECTION I.

Ordre des Matiéres.

L'Histoire de l'espèce humaine contient les Articles suivans. 1°. La forme & l'aspect de l'homme. 2°. Sa demeure & sa maniére de subsister. 3°.

(*) Voyez l'Histoire naturelle de Buffon.

Les variétés de sa race. 4°. Le période de sa vie. 5°. Sa disposition à la societé. 6°. La population, ou les générations & le nombre des hommes. 7°. Les variétés dans le choix des objets qu'ils recherchent. 8°. Les arts & le commerce. 9°. L'inégalité de rang & de considération. 10°. Les établissemens politiques. 11°. Le langage & la littérature.

SECTION II.

De la forme & de l'aspect de l'homme.

L'Homme marche naturellement debout; ses articulations & ses muscles sont conformés pour être dans cette posture & pour s'y mouvoir avec aisance & sans danger.

La main & le bras de l'homme sont un instrument & une arme; ce n'est pas un appui pour soutenir son corps.

Sa forme & sa posture sont propres à l'observation, à l'usage de la raison & à la pratique des arts.

Il est nud & désarmé, mais par son invention il est propre à suppléer à ces défauts.

La cause finale paroît en être que le talent de l'homme pour l'invention pût être employé.

Son aspect exprime ses pensées, ses sentimens, ses intentions. Il est calme ou agité ; doux ou féroce ; languissant ou animé ; incertain ou décidé ; timide ou intrépide.

Ses expressions naturelles consistent en actions, gestes, sourire, froncement de sourcil, larmes, regards, changement de couleur ; il en résulte une variété, une grace, qui n'ont pas lieu, ou qui du moins ne sont pas observées, dans les autres animaux.

SECTION III.

Demeure de l'homme, sa manière de subsister.

Les autres animaux ont des demeures limitées sur la terre, dont ils ne s'écartent pas volontiers, ou au delà desquelles leur nature ne leur permet pas de subsister.

Quelques-uns ne subsistent que dans les climats chauds, d'autres dans les climats froids ou dans les tempérés ; l'homme réside dans tous les climats, il peut se nourrir d'une grande variété d'alimens, soit du règne animal, soit du végétal.

Il s'accommode aux inconvéniens de la situation ou il apprend à les surmonter.

SECTION IV.

Variétés de la race humaine.

La forme & l'aspect commun à toute l'espèce est sujet à de grandes variétés suivant les races.

Les hommes étant dispersés sur la face de la terre, ils éprouvent les influences du climat, de la situation, du sol.

Le tempéramment physique & moral est plus phlegmatique & plus mou dans les climats froids; il est plus vif & plus ardent dans les climats chauds; mais il a toujours eu une supériorité distinguée dans les climats tempérés.

Outre ces distinctions, les diversités de race sont marquées par une différence de stature, de traits, & de couleurs.

On peut rapporter la différence des races à six: l'Européen, le Samoïede, le Tartare, l'Indien, le Négre, l'Américain. (*)

SECTION V.

Période de la vie humaine.

Toutes les espèces d'animaux se conservent par succession.

La mort d'une génération est aussi bien partie de l'ordre de la nature que la naissance & la succession d'une autre.

Dans l'espèce humaine, suivant quelques observations, la moitié de ceux qui naissent meurent avant d'avoir accompli leur dix-septiéme, leur septiéme, ou même leur troisiéme année.

La plus longue vie dans tous les climats est de soixante & dix à cent ans. (§)

Il paroit par les régistres annuels des morts, là où le nombre des habitans est connu, qu'un trentiéme ou environ d'entr'eux meurt chaque année : qu'il

---

(*) Voyez Buffon sur la Varieté de la race humaine.

(§) Voyez l'Histoire Naturelle de Buffon, les Tables de Halley, Lauthorpe Abrégé des transactions Philosophiques vol. III. p. 669.

naît un enfant sur vingt-sept ou vingt-huit personnes : qu'à peu près le quart du nombre entier est de mâles entre dix-huit & cinquante-six ans, capables de porter les armes.

SECTION VI.

Dispositions de l'homme à la Société. (*)

ON a distingué les animaux en deux classes ; les solitaires & les sociables.

Les animaux de proye sont pour la plupart solitaires.

Les autres animaux vivent pour la plupart en société.

La société entre les animaux se subdivise en deux espèces. 1°. Les uns s'assemblent en troupes, seulement par compagnie, ou pour leur sûreté. 2°. D'autres réunissent leurs travaux pour quelque but commun, & se distribuent les charges de la communauté suivant quelques régles d'instinct, ou de raison.

Ces derniers sont sociables & politiques. L'homme quoiqu'il soit un ani-

(*) Essai sur l'histoire de la société civile, par l'auteur, part. I. sect. 3.

mal de proye, livré par nécessité ou par goût à la chasse ou à la guerre, est néanmoins dans le plus haut degré sociable & politique.

On peut rapporter les sociétés d'hommes à quatre classes: les familles, les compagnies, les nations, les empires.

Les familles sont réunies par affection, les compagnies par le désir de la société, les nations afin de pourvoir à leur sûreté, les empires par la force.

Les hommes par leur réunion, & par leur industrie, deviennent capables de subjuguer toute autre espèce d'animaux, de subsister de leurs dépouilles, d'employer à leur usage la force de quelques-uns quoique supérieure à la leur.

Les sociétés séparées sont pour la plupart rivales ou ennemies.

※ ※ ※

SECTION VII. (*)

De la Population.

IL y a sur la terre un plus grand nombre d'hommes que d'aucune au-

(*) Essai sur l'histoire de la société civile 3. partie, sect. 4. Vallace sur le nombre des hommes. Hume sur la population dans les tems anciens.

tre espèce de grands animaux.

En certains cas on observe que ce nombre augmente ; en d'autres qu'il diminue.

L'accroissement prompt ou lent du nombre des animaux en général, dépend des loix de leur propagation, de leur sécurité & des moyens qu'ils ont de subsister.

Les premières se rapportent à l'âge où les parens deviennent féconds ; au tems de la gestation, à la fréquence de la production, au nombre de chaque portée, au période durant lequel l'animal est prolifique.

Les loix de la propagation déterminent le nombre qui peut naître d'un même couple, & le nombre de générations qui peuvent subsister ensemble.

Ces loix sont telles dans toutes les espèces d'animaux, que s'ils sont placés en des circonstances favorables, leur nombre s'accroit.

Les hommes qui vivent en sureté, peuplent à proportion de leurs ressources ; & le secours du gouvernement est nécessaire, non pas pour renchérir sur les loix de la propagation, mais pour procurer la sureté & l'abondance, en sorte qu'un plus grand nombre de familles puisse s'établir.

Les animaux de proye ont plus de difficulté à se procurer la nourriture.

Les animaux qui servent de proye ont moins de sureté.

La sureté & la subsistance des hommes sont surtout diminuées par leurs hostilités & leurs oppressions mutuelles: la guerre au dehors, & le mauvais gouvernement au dedans.

On présume que les loix de la propagation, & les moyens de subsistance, sont plus favorables à la population dans les climats chauds. C'est à quoi l'on impute la grande population de ces climats, malgré les extrèmes défauts du gouvernement.

SECTION VIII.

Variété dans le choix des objets que les hommes recherchent.

LEs hommes n'ont pas, comme les autres animaux, un objet extérieur, fixe & déterminé qui soit le but de leurs recherches, leurs instincts sont menés par l'imagination.

Comme ils sentent que leur vie est périssable, ils se proposent généralement de la conserver, mais les précautions qu'ils prennent sont différentes, & ils n'ont pas tous la même notion de danger dans les mêmes circonstances.

Comme ils ont le sentiment de jouissance & de souffrance, ils se proposent en général d'atteindre le plaisir, & d'éviter la douleur; mais leurs opinions sont très-diverses sur les objets où on trouve du plaisir ou de la peine.

Ils ont le sentiment de perfection & de défectuosité : le desir de s'élever, la crainte du mépris sont plus forts que toute autre disposition de l'ame humaine; mais ils différent d'opinion, sur ce qui les éléve, ou les dégrade.

Ils sont disposés à la société, à l'amitié, à agir de concert, mais les formes sous lesquelles ils s'unissent & les offices qu'ils exigent les uns des autres, sont variés sans fin.

Les nations sont souvent, par la différence de mœurs & de conduite, un objet mutuel d'étonnement & de blâme, de mépris & d'aversion.

Bien plus ; de deux hommes placés dans les mêmes circonstances, ou dans des circonstances égales, l'un est tranquille & même content, l'autre se plaint.

Ils différent à l'égard des moyens qu'ils employent pour arriver au même but, à la même fin, ou à une fin semblable.

SECTION IX.

Arts & Commerce.

LEs travaux des hommes tendent surtout à leur procurer des moyens de sureté, de subsistance, de commodité, & de faste.

Ils pratiquent plusieurs arts, plusieurs inventions, pour y parvenir, & ils réussissent plus ou moins suivant qu'ils ont multiplié ou complété ces arts.

Ils employent les fruits de leur habileté, de leur industrie, & de leurs efforts pour accumuler des richesses.

Les arts qu'ils pratiquent pour leur sureté, sont la fabrique des armes, la construction des places de retraite & de défense.

Les armes les plus anciennes paroissent avoir été la massue, la fronde, l'arc : à ceux-là succédérent dans la suite des tems la lance & l'épée, auxquels on joignit le bouclier & l'écu : enfin les armes à feu ; le canon & la mousqueterie.

Le desir d'une retraite sure a donné naissance à l'art de fortifier.

L'art de la guerre dans chaque époque doit se régler sur l'espèce d'armes & de machines ; sur la maniére de fortification qui est en usage.

Les arts que les hommes pratiquent pour leur subsistance, sont la pêche, la chasse, la bergerie, l'agriculture.

Les nations qui connoissent le moins de moyens de subsistance ont recours, à la chasse & à la pêche, ou elles comptent sur les herbes & les fruits que la terre produit d'elle-même.

Par un résultat de ces arts, le pays où l'on chasse ; le lac, la riviére, le golfe où l'on pêche peuvent devenir propres à la société ; le gibier est rarement propre à l'individu.

Les nations qui ont observé comment & avec quel profit on nourrit des
trou-

troupeaux s'adonnent à la bergerie.

Elles font en général d'abord vagabondes & changent de place avec leurs troupeaux.

L'individu acquiert une propriété immédiate en troupeaux, mais non pas en terres.

Les nations qui connoiſſent l'uſage des herbes, des fruits, des grains que la nature ne fournit point ſpontanément, ou qu'elle ne fournit point en ſuffiſante quantité, s'adonnent à l'agriculture.

Un certain degré de culture précéde la propriété; comme il arriva chez les anciens Germains & chez les Américains ſeptentrionaux indigènes. (*)

L'Agriculture lorſque ſon objet eſt le produit momentané de la terre, eſt compatible avec la vie vagabonde. Mais ſi l'objet eſt l'amélioration du terrein, & une fertilité perpétuelle, l'agriculture exige un établiſſement, & la propriété du terrein.

Comme la propriété excite l'invention en Agriculture, elle l'excite auſſi dans les autres arts.

B

(*) Voyez Céſar, Livre III. chap. 1. & Livre VI. chap. 22. Charlevoix Hiſtoire du Canada

Ceux qui n'ont point de terrein s'adonnent aux manufactures pour avoir dequoi acheter les productions de la terre.

Par les manufactures, on se pourvoit des objets de commodité & de faste.

Les objets de commodité sont les habits, les maisons, les meubles, les ustensiles, l'équipage.

En différens âges les hommes ont été différemment pourvus de ces divers articles. On trouve même qu'ils peuvent subsister sans eux ; mais en se soumettant dans les plus rudes climats à des inconvéniens qui diminuent le nombre des individus, ou en arrêtent du moins l'accroissement.

Les objets de faste sont ceux qui plaisent à l'imagination sans être nécessaires ni utiles.

Dans tous les âges les hommes ont aimé le faste ; ils combinent les ornemens avec les moyens de subsistance & de commodité ; mais ils peuvent subsister, & jouïr de toutes les commodités sans aucun égard à la décoration.

Le faste fait principalement usage de matériaux rares ; comme pierreries, métaux précieux, &c.

On a nommé richesses l'abondance

des choses qui contribuent à la sureté, à la subsistance, à la commodité & au faste.

Les richesses sont le résultat des arts & de l'industrie.

Quelque génie que les hommes déployent dans la pratique des arts, leur succès dépendra de la distribution du travail, & de faire de chaque genre d'occupation l'emploi particulier de quelques-uns.

En faisant cette distribution, chacun compte de pouvoir échanger son superflu pour acquérir ce dont il manque.

Comme le progrès des arts & la distribution accidentelle des marchandises dépend de la situation, du climat, & du sol, le commerce devient convenable & même nécessaire.

La premiére espèce de commerce, a été l'échange immédiat, sans aucune mesure des valeurs, ni matiére intermédiaire des échanges: chacun donnoit ce qu'il avoit de trop d'une espèce pour ce qui lui manquoit d'une autre.

La pratique du commerce introduisit une matiére d'échanges intermédiaires; & cette matiére devint la mesure de l'évaluation.

Le premier moyen intermédiaire des

échanges a été généralement quelque denrée, comme blé, bétail, &c.

Ces objets sont d'une valeur incertaine, d'un volume incommode, périssables ou dispendieux à conserver, enfin difficiles à partager sans leur ôter de leur prix.

Afin d'éviter ces divers inconvéniens, les métaux précieux ont été employés par toutes les nations commerçantes pour servir à l'échange intermédiaire.

Pour plus de commodité on les employe sous la forme de monnoie.

La livre, ou quelqu'autre poids ou quantité déterminée de métaux précieux a été employée comme mesure commune de l'évaluation.

La monnoie chez toutes les nations a subi des changemens considérables tant pour le titre que pour le poids.

Le titre actuel de l'argent en Angleterre est de 11 deniers & un dixieme de fin pour neuf dixiémes de denier d'alliage.

Et celui de l'or vingt-deux carats de fin pour deux carats d'alliage.

La livre d'argent ainsi alliée est fabriquée en 62 schellings.

Celle d'or en 42 ½ guinées.

Originairement la livre d'argent n'étoit partagée qu'en 20 schellings : c'est pourquoi 20 schellings composent encore la livre nominale de compte.

Sous le régne d'Edouard VI, la monnoie d'argent fut dégradée quant au degré de fin, & quant au poids : il n'y avoit plus que trois parties d'argent fin sur neuf d'alliage ; & une livre de ce métal dégradé étoit partagée en 72 schellings.

Le poids & le titre des monnoies sont demeurés les mêmes depuis le régne d'Elisabeth.

Les opérations sur les monnoies embarrassent le commerce, par l'incertitude qu'elles mettent dans les contracts, & en allarmant les débiteurs & les créanciers sur leurs intérêts.

Si en dégradant la monnoie, on ne réserve pas les intérêts du créancier, il sera frustré de ce qui lui est dû.

En réhaussant la valeur intrinséque de l'espèce, le débiteur est trompé.

La plûpart des opérations sur les monnoies ont été de la première espèce.

L'usage de la monnoie, & les paiemens actuels en espèces, ne sont pas nécessaires dans toutes les opérations de commerce.

Dans le transport de grandes sommes,

même les métaux précieux feroient incommodes & embarraffans.

On a adopté pour y fuppléer la pratique des billets circulants.

Cette pratique eft fondée fur le crédit & propre à l'étendre.

Le commerce emploie un nombre de profeffions différentes ; le fabriquant, le facteur, le voiturier, le marchand en gros & en détail.

Le prix des marchandifes dans le commerce eft en raifon de la rareté & de la demande.

Les articles dont la production exige du travail, du tems, de l'habileté, continuent à fe multiplier, tant que leur prix eft fuffifant pour entretenir l'ouvrier pendant le tems qu'il y donne, pour rembourfer fon apprentiffage & fes autres dépenfes, pour fournir une récompenfe proportionnée.

Quand le prix tombe au-deffous de cette mefure, la manufacture difcontinue, jufqu'à ce que la rareté remonte le prix.

SEC-

SECTION X.

Des rangs & de l'inégalité.

LEs hommes se distinguent les uns des autres par leurs qualités personnelles & par leur condition.

La distinction qui résulte des qualités personnelles vient de l'inégalité de capacité & de force du plus ou moins de connoissances, de résolution, de courage; du penchant à la bienveuilance ou à la malice.

Ces différences constituent la relation de dépendance & de pouvoir ; ou les degrés d'estime rélative.

La force, le savoir, la bravoure, rendent puissant : les foibles, les ignorants, les craintifs sont dans la dépendance.

La bienveuillance engage l'affection ; on a de l'éloignement pour le malicieux.

Les hommes instruits, les généreux, les braves, sont estimés, on méprise ceux qui sont ignorans, vils & lâches : comme toutes les qualités des hommes se rapportent aux deux attributs généraux de perfection ou de défaut, un individu est supposé avoir plus de mérite que l'autre.

Les hommes différent entr'eux dans la prédilection qu'ils accordent à certaines qualités comme constituant l'excellence ou la perfection.

Ils préférent les qualités les plus nécessaires à leur situation, & les plus distinguées dans leur genre de vie.

Dans les situations périlleuses, dans les siècles guerriers, on admire sur-tout la valeur.

Dans les sociétés savantes, on admire les lumieres & le génie.

Les nations commerçantes estiment sur-tout, l'industrie, l'exactitude, la bonne foi.

Mais comme il y a certaines circonstances communes dans la situation & la disposition de tout le genre humain; par exemple, d'être unis en société, & de s'intéresser au sort de ses pareils; on s'accorde à admirer universellement les qualités qui font le bonheur du monde ou qui le procurent : telles sont la sagesse, la justice, le courage, & la tempérance.

Ces qualités sont généralement comprises sous le nom de *vertu*.

Les qualités contraires font comprifes fous le nom de *vice*.

La condition extérieure des hommes eft fouvent confondue avec leurs qualités perfonnelles, & femble avoir les mêmes effets.

Les riches font puiffans & le pauvre eft dans la dépendance.

On accorde l'eftime aux richeffes à la naiffance, à l'appareil, à la parure; on méprife la pauvreté, l'obfcurité, la fimplicité extérieure.

En tout état de fociété il y a des conditions inégales; mais l'inégalité eft la plus grande dans celles où les richeffes, le pouvoir, l'éducation font le plus inégalement diftribuées.

SECTION XI.

Inftitutions politiques.

LOrfque les hommes fe font affociés par affection, par choix; & avec peu de fentiment d'un intérèt propre & féparé, on les a vû fubfifter fans régles & fans inftitution politique.

Lors mème qu'ils s'affocient par le

sentiment de leur convenance, ou par nécessité, ils suivent quelquefois sans régles, ce que chaque occasion particuliere leur suggére.

Mais pour maintenir une union formée accidentellement ou par force, les sociétés ont été obligées d'adopter un gouvernement & de s'y soumettre.

Lorsque la réunion a été accidentelle ou forcée, les individus ont senti des intérêts distincts, & ont souhaité des régles pour terminer leurs différens.

Quelques-uns se sont soumis à être gouvernés, d'autres ont prétendu au gouvernement sur le pié d'une dépendance & d'une supériorité accidentelles.

Les abus d'une subordination accidentelle ont conduit à imaginer des institutions positives.

Les institutions positives ont confirmé, modifié, ou restreint, les pouvoirs qui naissent d'une subordination accidentelle.

Toutes les institutions politiques peuvent être réduites à deux classes générales ; les simples, & les compliquées ou mixtes.

Dans les institutions simples, le pouvoir souverain est confié à une seule personne, ou à une assemblée, à un corps.

Dans les inſtitutions mixtes, l'autorité ſuprême eſt exercée par pluſieurs pouvoirs coexiſtans.

Les inſtitutions ſimples ſont la démocratie, l'ariſtocratie, la monarchie, & le deſpotiſme.

La démocratie eſt le ſuprême pouvoir du corps entier.

Cette inſtitution eſt calculée pour corriger & prévenir les effets de la dépendance & de la ſubordination accidentelle; & pour concilier l'égalité avec l'ordre.

L'ariſtocratie, eſt le ſuprême pouvoir des hommes d'un certain rang ou d'une certaine claſſe.

Cette claſſe a été quelquefois élective, & quelquefois héréditaire.

L'inſtitution quoique calculée pour confirmer la ſupériorité d'une claſſe & la dépendance de l'autre; ſert cependant à maintenir une égalité parmi les membres de chaque claſſe entr'eux.

La monarchie, eſt le ſuprême pouvoir d'une ſeule perſonne, qui étant placée à la tête de pluſieurs dignités ſubordonnées à une autorité, qui s'exerce ſelon des loix fixes.

Elle a été inſtituée pour confirmer la

dépendance & la subordination accidentelle.

Des arrangemens militaires étendus & perpétuels ont conduit à la subordination monarchique.

Le despotisme est le souverain pouvoir d'une seule personne, acquis & maintenu par la force, aux dépens des prétentions de toute autre personne à aucun rang, ou à aucun droit.

Le despotisme est né de la conquête ou de l'usurpation militaire.

Les constitutions mixtes font des républiques ou des monarchies.

Dans les républiques mixtes le pouvoir suprême a été partagé entre le corps complet du peuple, & un sénat ou une assemblée de nobles.

Dans les monarchies mixtes, le pouvoir souverain a été partagé quelquefois entre le roi & les nobles; quelquefois entre le roi, les nobles & le peuple.

SEC.

SECTION XII.

Langage & littérature.

LE langage, dans le sens le plus général, comprend tous les signes extérieurs de la pensée, du sentiment, ou de la volonté.

Ces signes sont ou originaires ou de convention. (*)

On nomme signes originaires ceux que nous sommes conduits par l'instinct à employer & à expliquer.

Tels sont le ton de la voix, le changement des traits, les gestes.

Les signes de convention sont ceux dont les hommes sont convenus entr'eux, ou qu'ils se sont rendus habituels.

Ces derniers, peuvent être rangés sous ces trois chefs : 1. signes muets : 2. parole : 3. caractères.

Dans les cas où l'usage de la parole est défendu ; dans ceux où les organes de la parole ou de la prononciation sont

(*) Voyez Reid's inquiry in to the human mind.

défectueux, les hommes ont recours aux signes muets; & ils atteignent ainsi jusqu'à un assez grand degré, le but du langage.

Chaque nation emploie, plus ou moins, l'action & les signes muets conjointement avec la parole.

La parole est un don commun à tous les hommes & qui est particulier à l'espèce humaine.

Chaque nation, chaque tribu, a pour l'ordinaire un langage ou un dialecte particulier.

La Théorie générale ou particuliere de la parole se nomme grammaire (*).

Les caractères sont les signes des mots ou des sons articulés ; ils représentent, ou les mots mêmes, ou un alphabet.

La premiére espèce est celle où chaque mot est représenté par un caractère.

Les caractères alphabétiques représentent des sons élémentaires ou des modulations ; leurs combinaisons forment des mots.

L'écriture conserve la mémoire des faits passés, des observations, des expériences. Elle conserve les productions littéraires. Elle étend & perfectionne l'usage de la parole.

(*) Voyez Harris's Hermes.

CHAPITRE II.
HISTOIRE DE L'INDIVIDU.

SECTION I.

Ordre général.

L'Histoire de l'individu contiendra les articles suivans ; 1. Sentiment interne, ou conscience de sa pensée, 2. Sensation & perception, 3. Observation, 4. Mémoire, 5. Imagination, 6. Abstraction, 7. Raisonnement, 8. Prévoyance, 9. Penchant, 10. Sentiment, 11. Désir, 12. Volition.

Les huit premiers articles se rapportent d'ordinaire à l'entendement ; les autres à la volonté.

SECTION II.

Conscience de sa pensée.

L'Ame a dans toutes ses opérations & ses sensations le sentiment d'elle-même, comme active ou comme passive. Elle a le sentiment des loix de la pensée & de la raison, qu'on nomme axiomes physiques ou géométriques.

Ces axiomes sont les conditions sous lesquelles la pensée procéde, & qui n'ont besoin d'être exprimées qu'à cause de l'ordre & de la méthode.

SECTION III.

Sensation animale & perception. (*)

LA sensation nous vient des organes corporels : elle est pour la plupart accompagnée d'une perception, originaire ou acquise, de quelque cause externe, ou d'un objet de perception.

(*) V. Reid's Inquiry in to the human mind.

On réduit communément les organes des sens à ces cinq : le toucher, le goût, l'odorat, l'ouïe, la vue.

Le Toucher.

Toute la substance de l'animal est en quelque degré l'organe du toucher.

La sensation de l'attouchement ou du toucher, est agréable, désagréable, ou indifférente.

Les parties intérieures, ou de dessous la peau, ne sont sensibles qu'à la douleur qui vient de ce qui les blesse, ou les dérange.

La cause finale paroit en être que dans leur état ordinaire, ou sein, elles n'éxigent aucune attention ; mais que dans les cas de dérangement il faut qu'elles donnent l'allarme.

A la surface du corps, les sensations qui ne nuisent pas sont indifférentes, mais tout ce qui nuit est accompagné de douleur.

Les sensations indifférentes sont l'indice du contact simple des corps innocens.

Les sensations douloureuses sont des indications de ce qui blesse.

Les sensations agréables sont le signe du soulagement : comme celle d'une chaleur modérée qui succède a un froid excessif.

Plusieurs sensations indifférentes en certaines parties du corps, comme les mains, la langue, &c. sont des indices des propriétés intimes des corps & de leurs distinctions les moins grossiéres; comme la figure, le poli, la dureté, la mollesse, enfin la chaleur & le froid comparatifs.

Les perceptions de ce sens sont en quelques cas originaires, en d'autres acquises.

La figure, la dureté, la mollesse, sont la matiére des perceptions originaires.

Plusieurs qualités salutaires ou pernicieuses des corps nous sont enseignées par l'expérience : Elles sont le sujet des perceptions acquises.

Quelquefois nous appercevons la nature aussi bien que l'existence des qualités des corps comme la figure, la dureté, la mollesse.

En d'autres occasions nous appercevons l'existence de la qualité mais non pas sa nature : telles sont le froid & la chaleur.

On a nommé primitives les unes de ces qualités, & les autres secondaires.

Les sensations par lesquelles nous

appercevons les qualités primitives font pour la plupart indifférentes & n'ont point de nom.

Les fenfations par lefquelles nous appercevons les qualités fecondaires font pour la plupart agréables ou douloureufes : elles font confidérées à part de la perception qu'elles font naître; & ufurpent fréquemment le nom de la qualité apperçue, enforte qu'elles caufent quelquefois de l'équivoque dans le langage. Ainfi chaleur & froid qui font les noms de certaines propriétés inconnues des corps, défignent quelquefois une fenfation animale.

La fenfation ne peut en aucun cas avoir aucune reffemblance avec le fujet apperçû.

L'inftruction donc que nous en recevons ne reffemble pas à celle que donne une figure ou un tableau; mais à celle qui nous vient du langage ou des fignes arbitraires.

Dans la perception originaire la nature a joint le figne à l'objet, l'inftinct en eft l'interprète.

Ce que nous apprenons par le moyen de nos fenfations n'eft fufceptible d'aucune preuve, parce que les perceptions des fens précedent tout raifonnement & toute preuve.

Le sceptique qui affecte de ne point croire le témoignage des sens a la même perception que le dogmatique qui fait profession de les croire.

Gout.

L'organe du goût est placé dans la langue & dans le palais.

Les sensations qui en viennent sont pour la plupart, ou agréables, ou désagréables.

Les sensations du goût deviennent, après quelque expérience, l'indication ou le signe de ce qui est pernicieux ou salutaire dans les élémens &c.

Le même objet nous est souvent connu par des sensations qui différent extrêmement entr'elles rélativement au plaisir & à la douleur.

La sensation est quelquefois agréable, quelquefois pénible, ou indifférente, lorsque c'est le même objet qui est apperçu.

Ainsi dans le moment de l'appetit le goût des alimens est agréable ; dans le moment de la satieté il est désagréable & rebutant.

Quelquefois la sensation est très-foiblement agréable ou désagréable ; elle peut passer pour indifférente ; cependant dans tous ces cas le goût nous apprend exactement l'espèce & les qualités de l'objet.

ODORAT.

L'organe de l'Odorat est placé dans les narines, le long du passage de l'air dans la respiration.

Il y a une plus grande analogie entre les sensations du goût & de l'odorat qu'entre celles d'aucun des autres sens.

Elles sont conformes en ce qu'elles nous font appercevoir les qualités secondaires des corps ; en ce qu'elles nous mettent en état par le moyen de l'expérience de distinguer les objets extérieurs, & souvent de reconnoître le même objet, quoique la sensation change & devienne, d'agréable pénible ou indifférente.

OUIE.

OUIE.

L'organe de l'ouïe est placé dans la partie intérieure de l'oreille.

La sensation des sons, soit d'un seul, ou de plusieurs, ou leurs diverses combinaisons sont agréables, désagréables, ou indifférentes.

La qualité apperçue est secondaire : on a découvert qu'elle consistoit dans l'impulsion de l'air, occasionnée par des explosions, ou par l'oscillation des corps tendus & élastiques quelconques. Les sons différent par leur intensité & par le ton musical.

Les tons étant un langage naturel du sentiment deviennent aisément pathétiques par de certaines combinaisons.

Nous apprenons par l'expérience que certains sens sont les signes de certains objets, & de certains mouvemens.

VUE.

L'organe de la vue est placé dans l'œil.

Ses sensations sont quelquefois agréables ou désagréables, mais pour la plûpart indifférentes, c'est pourquoi l'attention se porte d'abord sur l'objet.

Entre les qualités apperçues par le moyen de ces sensations, les unes sont primitives, les autres secondaires.

La perception originaire reçue par les yeux, se nomme l'apparence visible extérieure des objets. Cette apparence renferme l'étendue, la figure, la grandeur apparente, la lumiere, l'ombre & la couleur.

La perception acquise est celle des dimensions réelles, des figures & de la distance des corps.

Dans l'usage de cet organe il y a une suite de signes & d'interprétations.

1°. L'apparence visible est apperçue par le moyen d'une sensation dans l'œil, qui est très-légére, & à laquelle on ne fait jamais attention. 2°. Les objets sont apperçus par l'intervention de cette apparence.

Les objets changent sans cesse de position ils sont éclairés différemment, & à différentes distances de l'œil; ensorte que le même objet, est apperçu sous diverses apparences visibles; & n'est peut-être jamais vu deux fois sous la même.

Nous comprenons les dimensions solides des corps par la disposition de

la lumiere & de l'ombre fur leurs fur-
faces vifibles.

Nous concluons la diftance des corps
connus du degré de grandeur & de
netteté de leur apparence.

La grandeur réelle des corps à une
diftance connue eft déduite de leur
grandeur apparente.

Cette diftinction entre les objets &
leur apparence vifible eft le réfultat de
l'obfervation : lorfque nous n'avons
pas occafion de changer fenfiblement
le bien de l'obfervation ; ni d'employer
plufieurs fens ; nous n'avons pas cette
diftinction. Les corps céleftes en font
un exemple.

SECTION IV.

Obfervation.

L'Obfervation confifte à raffembler
d'après le fentiment interne de la
penfée, d'après la perception & le témoignage, des faits rélatifs à l'exiften-
ce, aux qualités, aux opérations des
objets.

Les faits deviennent remarquables
par

par leur rapport avec nous ; par la comparaison de ressemblance ou de contraste que nous en faisons entr'eux.

L'histoire est un assemblage de faits ou d'observations conforme : on la distingue en descriptive & narrative.

La description (ou histoire descriptive) est le détail des circonstances ou des qualités coëxistantes dans l'objet.

La narration est le détail des événemens successifs.

SECTION V.

Mémoire.

La mémoire est le souvenir des objets passés.

Elle est accidentelle, ou intentionelle.

La mémoire est accidentelle lorsque les objets ou les pensées se présentent à l'ame en vertu de la liaison qu'ils ont entr'eux.

Elle est intentionelle lorsque l'ame rappelle à dessein un sujet ou une pensée.

SECTION VI.

Imagination.

L'Imagination consiste à se représenter les objets comme présents & revêtus de toutes leurs qualités & circonstances réelles ou fictices.

Les objets imaginés peuvent être décrits, ils peuvent exciter le sentiment & la passion ; ils sont les objets immédiats de désir & d'aversion.

C'est pourquoi l'imagination est la principale source de la description, de l'invention, de la persuasion & des fantaisies par lesquelles les hommes sont gouvernés.

Ces opinions ou fantaisies sont confirmées par l'habitude ; & quand elles sont erronées elles ne se corrigent pas même par l'expérience.

On imagine les objets ou séparément ou conjointément.

Dans les images d'objets distincts, on considére leurs qualités & leurs circonstances réelles ou possibles.

Dans les images réunies on considére leur ressemblance, leur analogie, leur opposition.

La ressemblance consiste en ce que les parties sont pareilles.

L'analogie consiste en une parité de rapports & de proportion entre les parties.

L'opposition consiste dans la contrariété des qualités & des proportions ou rapports.

La ressemblance conduit à l'arrangement & à la classification des objets.

L'analogie conduit aux figures de rhétorique qu'on nomme comparaison, métaphore & allégorie.

L'opposition conduit aux distinctions aux antithéses, au contraste.

SECTION VII.

Abstraction.

L'Abstraction consiste à présenter certaines qualités ou circonstances séparément des autres qualités & circonstances auxquelles elles sont jointes dans la nature.

C'est ainsi qu'en arithmétique & en géometrie, le nombre & la quantité sont détachés de tout sujet.

Dans les termes abstraits les qualités, sont présentées séparément de leur sujet.

En méchanique on considère le mouvement sans égard au frottement & à la resistance.

Les termes génériques expriment les qualités par lesquelles plusieurs individus se ressemblent, en écartant ce qui distingue ces individus.

L'abstraction est en grande partie arbitraire ; de là vient qu'on a suivi pour l'histoire naturelle diverses méthodes de classification.

L'abstraction est le contraire de l'imagination : c'est le fondement du raisonnement général & étendu, non pas de la description ou de la passion.

On est quelquefois dupe de ses propres abstractions ; & l'on considère comme séparées dans la nature les choses qu'on sépare par la pensée.

L'abstraction tend à rendre les hommes impropres aux affaires. C'est l'habitude de considérer à part les circonstances ; au lieu que dans les affaires il faut combiner toutes les circonstances sans en négliger aucune.

SECTION VIII.

Raisonnement.

LE raisonnement comprend la classification des objets particuliers; l'investigation, invention ou recherche; l'application des régles générales, enfin la démonstration ou preuve.

Dans la classification nous rapportons les objets particuliers à certains genres, déterminés ou arbitraires.

Dans l'investigation ou recherche, nous observons ce qui est commun, ou qui devroit être commun à beaucoup d'actions particulieres.

En appliquant les régles, nous montrons à quels objets particuliers elles s'étendent.

C'est en quoi la science consiste.

Pour la démonstration ou la preuve on emploie le témoignage ou l'argumentation.

Les argumens sont tirés *à priori* ou *à posteriori*.

L'argument *à priori* prouve la négative ou l'affirmative sur un fait d'après une loi, ou d'un effet d'après fa caufe.

Tout argument de cette forte peut être réduit à un fyllogifme parfait qui confifte en trois propofitions : l'une énonce la loi négative ou pofitive ; l'autre compare la Loi avec le fait a prouver ; la troifiéme affirme ou nie le fait fuivant qu'il eft conforme ou oppofé à la loi.

L'argument *à pofteriori* prouve la régle ou la rejette d'après l'énumération des faits particuliers.

Tout argument de ce genre peut être réduit à un fyllogifme compofé de deux propofitions : l'une eft l'induction ou l'énumération des faits ; l'autre affirme ou nie la loi fuivant que les faits allégués concourrent ou non à l'établir.

SECTION IX.

Prévoyance.

LA prévoyance eft la faculté de conjecturer ce qui arrivera, d'après le paffé ou le préfent.

Elle exige de la pénétration & de la

sagacité ; la première pour comprendre les circonstances du cas en question ; la seconde pour appercevoir qu'est-ce qui doit suivre de ces circonstances.

La pénétration & la sagacité sont le fondement de la bonne conduite, de l'art & de l'habileté.

SECTION X.

Penchant.

LEs hommes ainsi que les autres animaux sont actifs, par un choix & un penchant originaire.

Ils se plaisent à la liberté & à l'exercice : La contrainte les tourmente ; ils souffrent de l'absence des objets propres à les animer.

L'activité de la nature humaine comprend le penchant, le sentiment, le désir, la volition.

Les penchants produisent leur effet avant que nous ayons éprouvé le plaisir ou la peine.

Ils sont animaux ou rationels.

L'appétit des alimens, du sommeil,

de la propagation de l'espèce sont des penchants animaux.

Ces appetits sont périodiques ou occasionnels, ils sont interrompus lorsque leur fin est obtenue.

Le soin de notre conservation, l'amour paternel & filial, l'amour mutuel des sexes, le desir d'exceller ou de la perfection sont des penchants rationels.

Ces penchants, ainsi que les appetits animaux dirigent la nature humaine avant qu'on ait éprouvé la satisfaction qui en résulte.

Ils différent des appetits animaux & de leur satisfaction en ce qu'ils peuvent nous occuper habituellement, sans satiété & sans dégout.

Toutes les affections de bienveuillance sont agréables de leur nature.

Les penchants que nous avons nous décident à nommer bons ou mauvais les objets extérieurs, suivant que nous les supposons utiles ou nuisibles au but de nos penchants.

Ainsi nous comptons pour bon tout ce qui contribue à notre conservation; & pour mauvais tout ce qui est *pernicieux* ou qui tend à notre perte.

De même nous estimons bon tout ce sert au bien de la société ou de l'objet de nos affections ; & mauvais tout ce qui leur nuit.

Tout ce qu'on croit une perfection, tout ce qui est regardé comme donnant une prééminence est réputé bon : on estime mauvais au contraire tout ce qu'on croit être une imperfection tout ce qui diminue notre valeur rélative.

De là vient la grande influence de l'opinion sur les fins humaines.

SECTION XI.

Sentiment. (*)

LE sentiment est l'état de l'ame rélatif à ce que nous croyons bon ou mauvais.

Les sentiments sont infiniment diversifiés, mais la distinction la plus intéressante est celle des sentimens agréables ou désagréables.

Le sentiment qui nait de l'acquisition de ce que nous croyons un bien est

(*) Voy. la Théorie des sentiments agréables.

agréable; celui qui vient d'un bien manqué ou perdu est pénible.

Ce qu'on croit un mal est agréable si on l'évite, pénible si on l'essuye.

Le plaisir dans ces deux cas se nomme *joye*; la *peine chagrin* ou *regret*.

L'attente du bien (ou de ce qu'on croit un bien) est agréable, l'attente de le perdre est désagréable.

Le plaisir rélativement à l'avenir se nomme *espérance*; la peine se nomme *crainte*.

Ainsi tous nos sentiments ou passions peuvent être rapportés à quatre chefs généraux : joye, chagrin, espérance, & crainte.

Mais chacun de ces chefs généraux se subdivise en plusieurs sortes qui correspondent à la nature de ce que nous prenons pour un bien ou un mal, & au penchant par lequel nous y sommes portés.

Les sentiments de ceux qui sont principalement occupés de leur conservation sont celui de sureté & de succès heureux, de danger ou de mauvais succès.

Le premier comprendra la sécurité, la joye de triomphe ou d'éxultation & l'insolence; le second la jalousie, la terreur & le désespoir.

Les plus pénibles sentiments de ceux qui s'occupent principalement des intérêts d'autrui, sont soulagés par les plaisirs de l'affection, de la confiance, de la bienveuillance.

Les sentimens de ceux qui sont principalement occupés de la considération des qualités éminentes & des défauts soit en eux-mêmes soit dans autrui sont, par rapport à eux-mêmes & à leurs perfections ou défauts absolus, le contentement de soi & la fierté; & quant aux défauts la honte, le remord, & l'abbattement.

Les sentiments qui viennent de nos avantages rélatifs & de notre supériorité sur autrui sont les différentes nuances de l'amour-propre, le triomphe, la vaine gloire, l'insolence, le mépris.

Les sentiments des hommes rélativement aux bonnes qualités des autres sont l'estime, le respect, la vénération.

L'estime est un sentiment d'approbation qui mène à la confiance.

Le respect est un sentiment d'approbation qui conduit à la soumission.

La vénération est un haut degré de respect.

Les sentiments rélatifs aux défauts sont le mépris, le ridicule, l'indignation, la fureur.

Le mépris est un sentiment de blâme qui conduit à en négliger l'objet ou à le traiter avec indifférence.

Le ridicule est le sentiment de blâme mêlé de joie & de plaisanterie.

La bonne raillerie consiste à montrer ce qui est ridicule en autrui, la bouffonerie à se montrer soi-même ridicule.

Plus nous désapprouvons l'objet du ridicule, plus le sentiment approche du dédain; plus la plaisanterie y domine, plus il approche de la gaieté; la tendresse peut même y être mêlée.

Les dédaigneux sont rarement susceptibles d'admiration ou d'attachement.

L'indignation a lieu lorsqu'on blâme avec un mélange de ressentiment.

Le courroux est un sentiment de blâme mêlé de haine.

Les sentiments des hommes rélativement aux avantages de comparaison dans les autres sont différens, suivant l'état de leurs affections; & suivant que le terme de la comparaison est en eux ou en autrui.

La supériorité de ceux que nous aimons, quand nous les comparons avec nous mêmes produit la déférence & le respect.

La supériorité de ceux qu'on haït

excite l'envie par la même comparaison.

La supériorité des indifférens fait naître l'humiliation ou devient une mortification.

La supériorité de ceux que nous aimons, quand nous les comparons à autrui, produit le triomphe: chez ceux que nous haïssons, étant de même comparée à autrui, elle excite l'animosité & le regret.

SECTION XII.

Désir & Aversion.

LE désir & l'aversion naissent de l'opinion fondée sur l'expérience ou sur l'imagination.

Les désirs & les aversions des hommes différent autant que leurs opinions.

Les exemples les plus communs d'un désir fixe & habituel sont la sensualité, l'avarice, l'ambition, l'amour du bien public, la grandeur d'ame, ou l'attachement invariable à ce qui est noble & juste.

Ces désirs, quoique souvent ils nous emportent beaucoup au-delà du but de nos penchans originaires, ne laissent pas d'être fondés sur ces penchans, & nous conduisent vers l'objet qui suivant notre opinion est propre à les satisfaire.

La sensualité est fondée sur les appetits animaux; & suppose le dessein de jouir même dans les intervalles de l'appetit.

L'avarice dérive du soin de notre conservation; mais elle le borne au désir des richesses ou des moyens de subsistance.

L'ambition est le désir de la supériorité, qu'on fait consister à jouir du pouvoir, ou du droit de commander.

L'amour du bien public vient du penchant à la société, exalté jusqu'au zèle pour une nation ou pour le genre humain.

La grandeur d'ame est le désir d'exceller, limité aux qualités personnelles & aux perfections vraies.

SECTION XIII.

Volition.

LA volition eſt l'acte de volonté dans les déterminations libres.

La détermination eſt libre toutes les fois qu'elle eſt volontaire.

Les motifs d'après leſquels nous choiſiſſons ne détruiſent point notre liberté : car ; agir par ces motifs de la manière que nous approuvons nous-mêmes ; vouloir, agir volontairement, être libre dans une action, ſont des termes ſynonymes.

INSTITUTIONS DE PHILOSOPHIE MORALE.

SECONDE PARTIE.
THEORIE DE L'AME.

CHAPITRE I.
Observations générales.

LA Théorie de l'ame est la connoissance de ses loix physiques déduites des faits qui la concernent, & propre à expliquer les apparences de ce qui se passe en elle (*).

On a dit que le système intellectuel à ses loix aussi bien que le matériel ; mais que les loix du système intellectuel ne

(*) Voyez l'introduction.

font pas également bien obfervées (*).

Cette maxime vient de ce qu'on n'a pas diftingué les diverfes loix & les divers fujets.

Le terme de loi eft équivoque:

Il fignifie quelquefois le fait, tel qu'il eft uniformément établi dans le cours de la nature.

C'eft dans ce fens que le terme de loi eft employé par les phyficiens (**).

C'eft furtout dans ce fens que le fyftème matériel eft dit avoir fes loix.

Et dans ce fens toute loi doit être exactement obfervée; parce qu'elle n'eft loi qu'autant qu'elle eft obfervée. La gravitation eft une loi, feulement à caufe que tous les corps gravitent effectivement.

Mais dans ce fens même le fyftème intellectuel à fes loix ; car il y a des faits rélatifs aux opérations de l'ame qui font invariables.

Dans ce fens donc les loix du fyftème intellectuel font auffi bien obfervées que celles du monde matériel.

(*) Efprit des Loix, liv. I.

(**) Voy. les Loix de la nature à la tête des traités de méchanique.

Le terme loi a cependant une autre signification; il indique une régle de choix ou l'expreſſion de ce qu'on veut être uniformément obſervé.

C'eſt dans ce ſens qu'il eſt d'ordinaire employé par les moraliſtes & les juriſconſultes.

On l'entend communément dans ce ſens lorſqu'on dit que le ſyſtême intellectuel a ſes loix.

Et dans ce ſens, la loi peut ſubſiſter ſans être ſtrictement obſervée: car elle eſt loi parce qu'elle eſt fondée en raiſon ou en conſéquence de l'autorité dont elle procéde; non en conſéquence de ce qu'elle eſt un fait.

Quoique les plus importantes loix de cette ſorte ſe rapportent au ſyſtême intellectuel, il y a cependant des loix de la même eſpéce qui ſe rapportent au monde matériel.

Telle eſt l'expreſſion de ce qui conſtitue l'élégance, la beauté, ou l'utilité des objets naturels; ou bien de ce qui conſtitue la perfection dans les ouvrages de l'art.

Ici le ſyſtême matériel auſſi bien que l'intellectuel peuvent s'éloigner de leurs loix.

Dans les régnes végétal & animal,

il y a des défectuosités, des difformités, des maladies : tout comme il y a dans le régne intelligent, des folies, des absurdités, des crimes.

Pour éviter autant qu'il est possible ces ambiguités, nous avons nommé *physiques*, les loix de la premiére espèce, soit qu'elles se rapportent à l'ame, ou à la matière; nous nommons *morales* les loix de la seconde sorte.

L'usage autorise cette explication quoiqu'il n'ait pas déterminé assez précisément le sens des termes ; car souvent on appelle physique tout ce qui a rapport à la matière, & moral tout ce qui se rapporte à l'ame.

En conséquence de cet usage vague du terme de moral, on a substitué à la philosophie morale toutes sortes de questions sur l'ame, & des spéculations de peu d'importance ont remplacé l'étude de ce que nous devons être & de ce que nous devons souhaiter pour nous même pour notre patrie & pour le genre humain.

CHA-

CHAPITRE II.

Enumération des Loix physiques.

SECTION I.

Loix de l'entendement.

L'Histoire de l'entendement humain peut fournir trois régles principales, ou loix physiques, la premiere se rapporte au sentiment interne, ou conscience de nos pensées.

La seconde à la perception des autres objets.

La troisiéme à la compréhension, soit de ce dont nous avons la conscience, soit de ce que nous appercevons hors de nous.

PREMIERE LOI.

Nous avons la conscience ou sentiment interne de notre existence, de nos opérations intellectuelles de notre volonté.

SECONDE LOI.

Nous acquérons la perception, par l'intervention de moyens qui ne ressemblent aucunement à son objet ; savoir.

1. Par le moyen de la sensation.
2. Par le moyen des signes.

La sensation par le moyen de laquelle nous appercevons naturellement l'existence des objets extérieurs, ne ressemble en rien à ces objets.

Les signes par lesquels nous apercevons l'existence & la pensée des autres intelligences, n'ont aucune ressemblance avec la chose signifiée.

Par cette loi on peut expliquer l'effet des rites dans la réligion ; des manieres & du langage dans la vie commune ; des titres, de la fortune, du bon ton comme fondemens d'estime.

Les rites indiquent la dévotion.

Les manieres indiquent une disposition ciale.

Le langage indique la pensée.

Les titres & la fortune indiquent l'excellence rélative.

Le bon ton indique la condition & le le rang.

Plusieurs signes n'ayant, ni ressemblance avec la chose signifiée, ni liaison avec elle, peuvent être divers en divers pays, ou changer avec le tems dans un même pays, tandis que les choses signifiées sont permanentes.

TROISIEME LOI.

Comprendre un objet particulier, c'est connoître quelque épithète, attribut, ou classe à laquelle il peut être rapporté.

Ainsi; comprendre la nature d'un être particulier ou d'une qualité, c'est être capable de le rapporter à quelque espèce, ou classe connue.

Comprendre une action ou un phénomène, c'est être capable de le rapporter à quelque régle établie ou à quelque loi de la nature.

C'est ainsi que nous comprenons tous les phénomènes qui peuvent être rapportés aux loix de la gravitation, de la cohésion, de l'éléctricité, &c.

Par cette loi on peut expliquer tous les phénomènes de la science, les usages de la classification ou nomenclature, de l'investigation ou recherche, de l'expérience, de l'hypothèse, de la théorie, du système.

Faire une nouvelle découverte, c'est ou parvenir à quelque loi, ou indiquer une nouvelle application de quelque loi connue.

C'est ainsi que Newton découvrit la loi de la refraction & l'appliqua à l'arc-en-ciel, & aux couleurs des corps.

Le docteur Franklin appliqua les loix de l'électricité à la foudre & à l'aurore boréale.

Les loix de la nature sont les genres & les espèces sous lesquels les faits particuliers sont rangés, ou bien ce sont les prédicamens, les classes auxquelles ils sont rapportés.

Quelques classes ou prédicaments ont leurs noms génériques dans toutes les langues : ils ont été universellement admis & sont aussi anciens que l'homme pensant.

Tels sont substance, qualité, quantité, nombre, perfection, défaut, bien, mal, tems, lieu, &c....

D'autres sont plus arbitraires & choisis pour rendre les connoissances humaines plus méthodiques & plus étendues.

Tels sont les classifications employées dans les différentes méthodes des naturalistes.

SECTION II.

Loix de la volonté.

L'Histoire de la volonté humaine peut fournir les trois régles générales qui suivent.

Premiere Loi.

Les hommes sont disposés à se conserver.

C'est pourquoi le danger nous allarme, la sureté nous plaît : ce qui nuit les repousse, ce qui est utile les attire.

A ce dernier titre nous désirons les moyens de subsistance, la santé, la force, la beauté, les talens, la modération*, le courage, &c.

C'est ce qu'on appelle communément *la loi de notre conservation* ; mais la variété des opinions humaines, le caprice

price des passions est tel que les hommes mélancoliques ou impétueux semblent être en contradiction avec eux-mêmes, & désirer ce qui est pernicieux.

SECONDE LOI.

Les hommes sont disposés à la société.

Ils s'intéressent à leurs pareils, & considèrent les calamnités générales comme un sujet de peine; la prospérité générale comme un sujet de joie.

C'est ce qu'on peut appeller *la loi de société*; c'est ce qui rend l'individu propre à devenir membre de la communauté qui le porte à contribuer au bien général; & qui lui donne droit à le partager.

La réalité de cette loi a été révoquée en doute 1. parce que les hommes n'agissent pas généralement pour le bien public. 2. parce que les actions de ce genre peuvent être expliquées par d'autres motifs.

Les actions des hommes ne sont pas réglées par cette loi seule mais par cette loi combinée avec toutes les autres loix de leur nature.

Si la loi de conservation prévaut le plus souvent, il ne s'ensuit pas que la loi de fociabilité n'ait aucun effet.

L'effet extérieur, ou la tendance de chaque loi, eft diverfifié en différentes circonftances.

La tendance générale de la loi de gravitation eft de porter les corps à s'approcher l'un de l'autre ; comme la tendance de la loi de fociété eft de porter les hommes à faire le bien commun, ou à s'abftenir du mal commun.

Mais le réfultat en eft contraire dans des circonftances contraires.

Les corps pefans ne tombent pas toujours, l'être focial n'agit pas toujours pour le bien commun.

Quand les corps tombent la gravitation accélére leur chûte ; quand ils font foutenus elle produit une preffion ; quand ils font jettés en haut elle ne peut que les retarder ; quand ils font mûs obliquement elle leur fait décrire une courbe, &c.

L'analogie de cette Loi éclaircit parfaitement la loi de fociabilité.

Celle-ci nous porte quelquefois à la bienfaifance ; en d'autres occafions, elle ralentit feulement la méchanceté.

Elle nous anime dans les actions utiles aux autres hommes ; elle nous refroidit dans les actions qui leur font nuisibles : elle nous donne de la satisfaction dans un des cas & du remords dans l'autre.

Ainsi l'action de la loi de société, comme celle de la pesanteur, est toujours réelle, quoique le résultat extérieur ne soit pas toujours le même.

Quant aux motifs d'après lesquels les hommes agissent pour le bien de leurs pareils, ils peuvent être différens suivant les cas particuliers; mais personne ne peut savoir, excepté par rapport à lui-même qu'il n'y a point d'affection sincére de bienveillance.

TROISIEME LOI.

Les hommes sont disposés à se perfectionner.

Ils discernent les bonnes des mauvaises qualités & sont capables d'estimer & de mépriser.

On peut nommer cette disposition la loi de l'estime ou de la perfection : c'est un fait primitif dans la nature de l'homme, & qui ne peut être expliqué par aucun autre fait connu antérieurement ou plus parfaitement.

L'excellence, soit absolue soit relative, est l'objet suprême des desirs des hommes.

Les richesses, le pouvoir, le plaisir même, n'est désiré avec une extrême ardeur qu'autant qu'on les considére comme des marques de supériorité, de prééminence.

CHAPITRE III.

Où on employe les loix précédentes à expliquer les Phénomènes de l'intérêt, de l'émulation, de l'orgueil, de la vanité, de la probité, & de l'approbation morale.

SECTION I.

Des affections intéressées.

ON se montre intéressé par une sollicitude extrême rélativement à sa situation présente & à venir.

Cette passion est comprise dans la loi de conservation. C'est une application partielle de cette loi, fondée sur l'opinion qui donne une extrême importance aux objets extérieurs.

Les opinions & leurs conséquences prévalent à proportion du pouvoir des circonstances qui conduisent les hommes à adopter ces opinions.

Par cette raison l'intérêt l'emporte d'ordinaire.

L'opinion sur laquelle il est fondé nait des circonstances suivantes.

1°. L'instinct qui nous fait désirer la vie.

2°. Une prévention qui attribue de bonne heure une extrême importance aux objets sensuels dont notre attention est uniquement occupée au commencement de la vie.

3°. Le soin continuel de notre bien & de notre fortune, qui est nécessaire par tout où la propriété est établie.

4°. La supériorité que les richesses sont supposées donner.

Par cette dernière considération le désir de l'estime vient à se combiner avec la loi de conservation pour rendre compte des passions intéressées des hommes.

Les hommes intéressés sont de deux classes, les prodigues & les avares.

Les prodigues sont communément plus avides, étant pressés par le désir de la jouissance.

Les avares sont plus circonspects, étant retenus par la crainte du besoin.

On croit d'ordinaire, qu'être intéressé & s'aimer exclusivement sont deux termes synonymes : mais les hommes sensuels, les orgueilleux, les ambitieux, les glorieux ne s'aiment pas moins exclusivement que les hommes intéressés.

Et le défaut de ceux-ci ne consiste pas à prendre trop de soin d'eux-mêmes, mais à se méprendre sur leurs vrais intérêts.

SECTION II.

Théorie de l'émulation & de la rivalité.

L'Emulation se manifeste par la concurrence, l'animosité, la dissension.

Elle a lieu principalement dans la poursuite des objets dont la valeur n'est que rélative.

Telles sont les richesses, la réputation, le pouvoir, le rang.

La valeur des richesses est rélative ; car elles ne consistent pas dans la mesure absolue de notre bien, mais à posséder plus que les autres.

La réputation consiste en ce qu'on parle plus de nous que des autres.

Le pouvoir consiste à être en état de

commander aux autres, & le rang a être mieux placé dans le monde.

Ceux qui défirent les objets fur lefquels la comparaifon n'a aucune influence, comme font le vrai mérite & le vrai bonheur, ne font pas fujets à l'émulation ou rivalité.

L'émulation peut être dirigée vers les actions utiles & produire de bons effets pour le genre humain, mais elle eft en elle-mème une difpofition malheureufe, une fource d'envie, de jaloufie, de malice.

Elle empêche d'être fatisfait, à quelque point qu'on foit parvenu tant que les autres poffédent le même avantage à un degré plus grand, ou égal.

L'objet du défir de Céfar n'étoit ni la grandeur ni la bonté; mais d'être le premier rélativement à ce qui faifoit l'admiration du vulgaire, le premier dans un village plutôt que le fecond à Rome.

Les rivaux font ennemis entr'eux, & de tous ceux qui ont une réputation fupérieure.

L'émulation rend pour l'ordinaire les hommes vigilans, courageux, ardens; indulgens envers ceux qui leur font réputés inférieurs; mais malicieux envers ceux qui jouïssent d'une considération égale ou plus grande.

Ce défaut fait préférer une compagnie abjecte dans laquelle on peut s'attribuer la supériorité à la meilleure dans laquelle il faut se soumettre à l'égalité.

L'émulation est comprise sous la loi de l'estime ; & dérive de l'opinion qui confond l'excellence avec la supériorité.

SECTION III.

De l'orgueil.

L'Orgueil se montre par la négligence d'autrui, l'inattention, l'arrogance.

Il est fondé sur une opinion qui déprécie les autres hommes.

Il est compris sous la loi de l'estime; car c'est en conséquence de cette loi que les hommes estiment ou méprisent.

L'orgueil ou la disposition à mépriser, est incompatible avec l'affection, la candeur, & avec tout égard pour les droits des hommes.

Le désir de la perfection, & même

l'amour de la vertu ont été confondus avec l'orgueil.

Cet abus vient quelquefois de ce qu'on ne fait pas attention à la propriété des termes.

Quelquefois c'eſt l'affectation d'un langage figuré comme quand on dit *un orgueil convenable*, *un noble orgueil*, *l'orgueil de bien faire*, &c. Alors, il ſuppoſe le mépris ; mais dans un bon ſens, le mépris de ce qui en eſt digne.

D'autres fois cette confuſion de mots eſt affectée, pour favoriſer un ſyſtème ; comme quand on veut déprécier la vertu ou faire douter de ſa réalité, en parlant d'elle en termes qui ont communément un ſens vicieux. (*)

L'orgueil n'eſt lié avec le déſir d'exceller qu'autant qu'il en eſt l'abus & la fauſſe application ; qu'il ſubſtitue l'abbaiſſement d'autrui à notre élévation.

Il eſt ridicule d'eſſayer de confondre l'amour de la vertu avec l'orgueil : leurs fins ſont directement contraires.

La vertu conſiſte à reſpecter les droits des hommes, & à eſtimer ce qui tend au bien de l'humanité.

(*) Voyez les œuvres de Mandeville.

L'orgueil est le manque d'égard aux droits des hommes, & consiste à les mépriser.

SECTION IV.

De la vanité.

LA vanité se manifeste par l'affectation & l'ostentation.

Les hommes vains affectent ce qu'ils croient propre à captiver l'attention, & à mériter la louange.

Ils étalent avec ostentation ce en quoi ils font consister leur importance, comme leur figure, leur fortune, leur faste, leurs talens, leurs aventures.

L'admiration des autres hommes les satisfait.

La vanité est comprise sous la loi de l'estime, car elle suppose la distinction d'excellent & d'abject quoique mal entendue.

C'est le contraire de l'orgueil ; elle met trop de prix à l'opinion d'autrui dont l'orgueil ne fait aucun cas.

Les hommes vains sont capables de grands efforts de courage & de fermeté quand ils font soutenus par l'opinion publique, ou qu'ils agissent à la vue du public; mais privés de ce soutien ils sont sans force & sans courage.

L'attention qu'ils accordent aux autres hommes ne procédant point du cœur, mais du désir de l'importance & de l'applaudissement, ils manquent aux occasions où l'on attendroit le fruit d'un attachement réel.

SECTION V.
De la probité.

Les actes de justice & de bienfaisance, sont les marques extérieures de la probité.

Ceux qui ont égard aux droits d'autrui ou qui en ressentent les souffrances; ceux qui sont toujours disposés à des actes de bienveillance; ceux qui sont fideles à l'attente qu'ils font naître; ceux là dis-je sont dits avoir de la probité, être gens de bien.

La probité suppose l'amour des hommes, fondé sur un naturel compatissant, franc, libéral.

Elle est donc comprise dans la loi de société.

On peut concevoir la probité comme une perfection, mais elle ne sauroit être un juste fondement d'orgueil ou de mépris d'autrui.

On peut la regarder comme un sujet raisonnable d'applaudissement, mais elle est conduite par l'affection, & non par le désir d'attirer l'attention, ou d'être admirée.

Ceux qui ont cette qualité préférent l'intégrité à toute autre espèce de perfection, mais souvent ils ont une opinion modeste de leur propre mérite.

SECTION VI.

De l'approbation morale en général.

'Approbation morale est un jugement sur les caractères & les actions qui décide qu'ils sont excellents & justes.

Elle est opposée au blâme.

La notion d'excellence ou d'imperfection dans d'autres sujets comme celle de beauté ou de difformité dans les êtres purement animaux ou matériels est accompagnée d'un mouvement simple d'admiration ou de mépris ; mais la notion d'excellence ou de défectuosité en nous-mêmes est accompagnée de fierté, de honte, de remords ; en autrui, de complaisance, de vénération, d'amour ; de pitié, d'indignation, de dédain.

Des hommes amoureux de paradoxes ont révoqué en doute qu'il y eut quelque réalité dans les distinctions morales.

Mais les expressions de louange & de blâme qu'on trouve dans toutes les langues, l'importance de la moralité pour le genre humain, l'opposition essentielle entre les qualités qui forment les divers caractères, la force avec laquelle le cœur humain est maitrisé par les sentimens moraux ; tout cela, dis-je, prouve que la distinction du bien & du mal moral est réelle, & qu'elle est universellement reconnue.

En traitant de l'approbation morale, on peut élever quatre questions distinctes.

1°. Qu'est-ce que les hommes approuvent ou blâment pour la plupart ?

2°. Par quels principes ou considérations, les hommes sont-ils conduits à approuver & à censurer dans les cas particuliers ?

3°. Qu'eſt-ce qui mérite en effet d'être approuvé & cenſuré ?

4°. Quelle eſt la régle ou le principe par lequel on devroit juger des caractères moraux ?

Les deux premiéres queſtions ſont de fait, ou du genre phyſique, & appartiennent au ſujet de ce chapitre ; les deux autres ſont morales, & leur réponſe ſera compriſe dans les loix primitives ou les plus générales de la moralité.

On a fort embrouillé la matière dont nous parlons faute d'avoir diſtingué ces queſtions différentes.

On a fait un éta'age des erreurs humaines & des indices de notre corruption, comme d'autant de preuves qu'il n'y a rien que les hommes doivent eſtimer ou déſirer.

Dans les queſtions du genre phyſique nous avons égard au fait ; dans celles du genre moral à ce qui eſt bon ou mauvais. Le fait quelque bien établi & quelqu'univerſel qu'il ſoit, ne nous prive point du droit de concevoir & de choiſir ce qui eſt le meilleur.

Si tous les hommes étoient conduits par l'intérêt, la rivalité, l'orgueil, ou la vanité, il ne s'enfuivroit pas que la probité ne mérite point nos défirs & notre eftime. Ainfi, quand on nous dit que la candeur & la bienveillance ne font qu'hypocrifie, que le courage n'eft qu'emportement, & la retenue formalité ou affectation ; nous pouvons demander fi on nous allégue en cela des faits fimplement ou des exemples à fuivre ?

Les faits peuvent être vrais ; mais choifir un modèle qu'on reconnoit vicieux, ce feroit une abfurdité.

SECTION VII.

De l'objet de l'approbation morale.

L'Objet de l'approbation morale eft ou quelque difpofition de l'ame, ou quelque action extérieure.

Les hommes n'approuvent aucune difpofition morale autant que la probité, ni aucun genre d'actions autant que celles qui indiquent extérieurement cette qualité.

C'eft-là ce qui conftitue la vertu,

ou du moins sa partie la plus essentielle.

D'autres objets peuvent être admirés ou méprisés ; mais la probité & les actions qui en dérivent sont le seul sujet de l'approbation morale.

SECTION VIII.

Du principe de l'approbation morale.

L'Approbation morale est comprise sous la loi de l'estime ; c'est même le principal fait d'où nous concluons la réalité de cette loi ; comme la pression verticale & la chûte des corps sont les principaux faits d'où nous concluons en méchanique la loi de gravitation.

D'autres désirs ou affections peuvent nous conduire à concevoir de l'estime ou du mépris, mais aucun autre ne rend raison pourquoi nous sommes susceptibles d'estimer & de mépriser.

Suivant cette loi les hommes rapportent les qualités & les opérations propres à leur nature, ainsi que plusieurs autres objets aux deux classes opposées de perfection & de défaut.

Cependant ils ne font point conduits en cela par une loi invariable, ou d'inſtinct; ils différent dans le choix des caractères & accordent leur eſtime à différens objets.

L'un admiroit Caton ; l'autre admiroit Céſar.

Les affections & les déſirs des hommes, quoiqu'ils différent de leur approbation ou de leur eſtime, entraînent pourtant leur jugement, & déterminent leurs opinions.

Les ambitieux & les intéreſſés admirent rarement ce qui contrarie leurs deſſeins.

Céſar compoſa une invective contre la mémoire de Caton ; & quoique d'autres le trouvaſſent ridicule, (*) cependant il eſt probable qu'il étoit lui-même ſincére, & que le zéle de Caton pour le maintien de la République l'affectoit comme un démérite & un mauvais office.

On eſt conduit par les préventions de l'habitude ou par la ſuperſtition à approuver ou à condamner de ſimples rites, des obſervances extérieures.

(*) Voyez Ciceron à Atticus, 12ᵉ. Livre Epitre 45.

On est conduit par la bienveillance universelle à approuver les qualités qui rendent l'homme propre à procurer le bien du genre humain.

Autant que le mérite ou l'excellence morale d'un homme consistent en ce genre de qualités, nous osons assurer que la bienveillance ou la loi de société, combinée avec la loi de l'estime est le principe de l'approbation (*) morale ; & qu'accorder notre estime à la vertu c'est aimer les hommes.

Les systêmes ont différé là-dessus principalement en ce que les uns ont dérivé la préférence que nous donnons à certaines actions & à certains caractères ; les uns de la loi de conservation, les autres de la loi de société † ; mais le fait est que la loi de conservation & celle de société bien entendues, coincident dans toutes leurs fins & leurs applications.

L'homme est par sa nature membre de la société ; sa sureté & l'intérêt de ses jouissances exige qu'il soit conservé tel qu'il est par sa nature.

(*) Voyez la Recherches sur la vertu du Lord Shaftesbury.

† Théorie des sentimens moraux par Smith.

Sa perfection consiste dans l'excellence ou le degré de ses talens & de ses dispositions naturelles; en d'autres termes elle consiste à être une partie excellente du système auquel il appartient. Ensorte que l'effet sera le même par rapport au genre humain, soit que l'individu tende à se conserver lui-même, ou à conserver la communauté: l'une & l'autre intention doit le porter à entretenir en lui l'amour des hommes comme la partie la plus précieuse de son caractère. Ce sentiment étant la base de la probité, c'est lui qui conduit les hommes à donner à la probité comme telle la préférence sur toute autre disposition ou habitude de l'ame. (*)

(*) Essai sur l'hist. de la société civ. Partie 1, sect. 6.

CHA-

CHAPITRE II.

*De la nature de l'Ame humaine,
& de son attente pour l'avenir.*

SECTION I.

De l'immatérialité de l'ame (*).

LA nature de l'homme a été généralement considérée comme mixte, ou composée d'une partie animale & d'une partie intellectuelle, d'un corps & d'une ame.

Les fonctions qui se rapportent aux organes corporels appartiennent à la nature animale; ceux qui ne se rapportent à aucun organe corporel appartiennent à la nature intelligente.

L'homme dans tout ce qui résulte de sa nature animale ne différe des

---

(*) Voyez Baxter sur l'immatérialité de l'ame.

brutes que par le degré & la manière de ſes opérations ; mais dans ce qui regarde ſa nature intellectuelle, il différe totalement : il eſt d'un autre genre.

Etant deſtiné à agir d'après l'obſervation & l'expérience, & non pas d'après un inſtinct déterminé, l'ignorance le met en apparence au deſſous des autres animaux ; mais avec la connoiſſance & les lumiéres il les ſurpaſſe beaucoup.

Ce qui le rend plus excellent que les autres animaux ſe nomme ſon ame, & on la diſtingue généralement du corps.

Les propriétés de l'ame n'ont point d'analogie avec celles de la matière : Les propriétés de l'une ſont même oppoſées & contradictoires à celles de l'autre.

La matière a l'indiviſibilité & l'inertie ; l'ame eſt indiviſibile & active. Ce qu'on appelle *facultés de l'ame* ſont ſes puiſſances actives.

Ce ne ſont pas des parties diſtinctes d'un être compliqué, mais des abſtractions par leſquelles on claſſifie les opérations de l'ame.

SEC-

SECTION II.

De l'immortalité de l'ame.

Toute question rélative à l'état à venir doit se résoudre par la nature de l'ame, par la nature du fait au moment de la mort, par les principes de la religion.

L'ame étant par sa nature indivisible ou n'étant point sujette à la dissolution des parties, l'anéantissement étant de plus inconnu dans le cours de la nature, il s'ensuit que l'ame est physiquement immortelle.

Le fait qu'on appelle mort c'est que le corps cesse d'être animé ou de donner des signes de la présence de l'ame; mais l'ame étant d'une nature différente peut exister à part.

On ne peut tirer aucun argument des principes de la religion jusqu'à-ce qu'on ait examiné ces principes.

INSTITUTIONS DE PHILOSOPHIE MORALE.

TROISIEME PARTIE.
DE LA CONNOISSANCE DE DIEU.

CHAPITRE I.
De l'exiſtence de Dieu. (*).

SECTION I.
Généralité de cette croyance.

L'Exiſtence de Dieu a été admiſe univerſellement.

(*) Voyez Ray ſageſſe de Dieu dans les ouvrages de la création. Sermons pour la fondation de Boyle.

Les

DE LA CONNOISSANCE DE DIEU.

Les chicanes des Sceptiques ne sont pas plus contraires à la généralité de cette croyance que de pareilles chicanes ne le sont à la notion universelle de l'existence de la terre, car elle a aussi été révoquée en doute.

Cette croyance ne renferme point une notion exacte de l'être suprême. Les hommes ont pour la plupart conçu sur ce sujet des opinions indignes, même de la raison humaine.

La croyance qu'un artiste ou un auteur existe est cependant compatible avec des notions abjectes & peu convenables de sa capacité & de ses intentions.

La persuasion qu'Homère a composé l'Iliade est compatible avec des notions très imparfaites du génie de ce poëte.

L'homme assez stupide pour croire que les livres classiques ont été composés pour l'usage des enfans, croiroit pourtant que tous ces livres ont été composés par des hommes.

E SEC-

SECTION II.

Fondement de cette croyance.

L'Opinion qu'il existe un Dieu étant universelle ne sauroit dépendre de circonstances particuliéres à un siècle ou à une nation, il faut qu'elle soit le résultat de la nature humaine, ou qu'elle soit suggérée par des circonstances qui se rencontrent dans tous les lieux & dans tous les âges.

Il est naturel à l'homme d'avoir une notion de cause tirée de l'apparence des effets & la notion de dessein tirée du concours des moyens pour une fin.

Les sceptiques n'ont pas nié la réalité de ces conceptions; ils s'en sont plutôt plaint comme d'un fondement d'erreurs générales & vulgaires.

Mais ces sortes de perceptions universelles & naturelles sont le fondement de toutes nos connoissances, & c'est par elles que nous sommes instruits de l'existence de l'univers même.

C'est par elles que nous acquérons tout ce que la sensation, le témoignage, l'interprétation des signes nous donnent de lumières.

Dans tous ces cas, nous ne pouvons donner d'autre raison de notre croyance, si ce n'est que nous sommes disposés par notre nature à appercevoir.

On ne demande aucun argument pour prouver, aucun argument ne sauroit réfuter, lorsque la nature a déterminé que nous continuerons à croire.

Personne ne peut s'abstenir de croire que l'œil a été fait pour voir, l'oreille pour entendre; que l'aile est faite pour l'air, la nageoire pour l'eau, le pié pour un sol fixe, & ainsi du reste.

La conception d'une fin ou intention dans les ouvrages des hommes, renferme la croyance d'un artiste. La conception d'une fin ou d'une intention dans les ouvrages de la nature renferme la croyance d'un Dieu.

La nature nous présente des causes finales partout où nos connoissances s'étendent.

Les causes finales peuvent être considérées comme le langage dans lequel Dieu s'est révélé à l'homme.

Dans ce langage le signe est naturel, & l'explication instinctive.

CHAPITRE II.

Des Attributs de Dieu.

SECTION I.

De ces Attributs en général.

Les attributs de Dieu font les caractères de l'être suprême indiqués par fes ouvrages.

On peut les rapporter à cinq chefs : unité, puiffance, fageffe, bonté, juftice.

SECTION II.

Unité de Dieu.

La conception de caufes finales renferme la croyance d'un feul Dieu.

La notion de la pluralité des Dieux eft une corruption.

Différentes nations fe font formé féparément des notions indignes de la Divinité. En comparant ces notions elles ne tâchèrent point de les concilier avec la croyance d'un être suprême; elles composérent un catalogue de plusieurs divinités qui avoient chacune leurs attributs & leurs emplois dans la nature.

SECTION III.

Puissance.

LA puissance est l'attribut de la premiére cause; & dans le Créateur de l'univers, cette puissance ne sauroit être circonscrite.

SECTION IV.

Sagesse.

LA sagesse est l'attribut de l'intelligence; la croyance que l'auteur de la nature est sage est renfermée dans la croyance des causes finales.

La sagesse de Dieu embrasse la connoiſſance de toutes les eſſences, celles des rélations mutuelles & de la dépendance des différens êtres, celle de ce qui eſt le meilleur pour chacune & pour le tout.

SECTION V.

Bonté de Dieu.

C'Eſt l'attribut du créateur & du conſervateur de toutes choſes.
Les preuves de ſa bonté ſont :
1. D'avoir créé des êtres ſenſibles & raiſonnables.
2. Le degré de bien dont ils ſont ſuſceptibles.
3. L'ordre établi pour leur conſervation.

Sans le premier point, il n'y auroit aucun objet ſur lequel la bonté pût être exercée.

Le nombre de pareils objets auſſi bien que les jouïſſances qui leur ſont départies, ſont des preuves de bonté dans la cauſe premiére.

Quant au ſecond point, nous ne ſaurions connoître ni quel eſt le nombre des êtres sensibles, ni quelles sont leurs jouissances; mais l'ordre & les fins de ce que nous connoissons, nous conduit à croire le bien universel.

Le sort de l'homme est mélangé, mais le mélange convient aussi à sa nature agissante.

Il est fait pour l'action & il trouve dequoi s'occuper dans les maux apparents ou réels qui sont son partage.

Il se plaint de maux ou dans ses circonstances extérieures, ou dans sa nature & sa conduite.

Le premier sujet de plainte se nomme *mal physique*; le second *mal moral*.

Le mal physique dont il se plaint n'est pas un symptome d'un mal absolu dans la nature; mais d'une nature active placée convenablement, & qui a des motifs convenables pour développer ses facultés.

Un théatre où il n'y auroit point de maux apparens à corriger, ou ce qui est la même chose, point d'augmentation de biens à acquérir seroit un théatre d'inaction contraire à la nature de l'homme.

En d'autres termes, un être qui n'appercevroit point de maux, qui n'éprouveroit aucun besoin n'auroit aucun principe d'activité.

L'homme employé comme agent dans l'ordre de la nature, n'est pas par cette destination privé de son propre bonheur.

Son bonheur ne consiste pas à jouir de beaucoup de convenances extérieures, mais à bien jouer son rôle dans la place où il est : il ne vient pas de sa sureté, mais de son courage : il ne dépend pas enfin de ce qu'il gagne pour lui ou pour autrui, mais du degré d'ardeur ou d'affection qui l'anime.

Le mal moral est le désaccord de la nature de l'homme avec la notion qu'il a de perfection.

La plainte du mal moral est l'indice d'une nature perfectible.

Un être qui n'appercevroit aucun mal moral, aucun défaut, n'auroit aucun principe pour se perfectionner.

Pour détruire la plainte du mal moral, il faudroit ou que les hommes fussent délivrés de toute imperfection, ou qu'ils fussent insensibles aux imperfections qu'ils ont.

Le premier est impossible : les hommes doivent avoir les imperfections d'une nature créée.

Nous ne savons pas quelle est la

moindre mesure possible de ces imperfections.

Si l'homme n'appercevoit pas ses imperfections, ce seroit un défaut dans sa nature.

Ce sentiment énergique de ses défauts & de ses erreurs est la source de ses plaintes & de son avancement; c'est une beauté dans sa nature.

Il est un agent volontaire, destiné à agir, mais sous la direction d'une loi sage & salutaire qui lui rend les dispositions nuisibles pleines d'amertume, & ses dispositions bienfaisantes pleines d'agréments & de douceur.

Sa souffrance aussi bien que sa jouissance, dans ce cas-là, sont une preuve de bienveillance dans la cause de qui il les tient.

En troisieme lieu. Chaque partie dans l'ordre de la nature est arrangée pour la conservation du tout.

Les objets les plus éloignés viennent concourrir aux mêmes fins salutaires.

L'ordre du système planetaire est calculé pour la conservation de chacun des êtres qui occupent une place dans ce système.

Les douleurs aussi-bien que les plaifirs des créatures vivantes & sensibles tendent à leur conservation.

L'ordre de la nature est conservé par la succession des êtres & non par la perpétuité de leur vie: tandis que l'individu périt, l'espèce de chaque animal se maintient, & le système de la nature n'est point exposé à la décadence.

SECTION VI.

De la Justice de Dieu.

LA justice est le résultat de la sagesse & de la bonté.

La justice est la bonté impartiale & universelle; elle rend chaque partie subordonnée au bien du tout, & calcule le tout pour la conservation de ses parties; mais elle refuse à chaque partie de jouïr aux dépens du tout.

Les peines & les plaisirs dont la nature humaine est partagée, sont distribués suivant cette régle de justice.

Car à tout prendre, la bienveuillance est toujours agréable, & la malice toujours pénible.

CHAPITRE III.

De la croyance de l'immortalité de l'ame, comme fondée sur les principes de la Religion.

Quelle que soit l'apparence de ce qui se passe à la mort, on a généralement supposé que l'ame survivoit à sa séparation d'avec le corps, & qu'elle étoit réservée à un état à venir de récompense & de punition.

Cette croyance est conforme aux notions les plus raisonnables de la bonté & de la justice de Dieu.

La même bonté qui a disposé le Tout-puissant à créer les natures intelligentes peut de même le disposer à les conserver toujours.

Il y a une création continuelle d'êtres raisonnables, aussi-bien que d'animaux.

Mais les natures animales se détruisent sans cesse ; pourquoi n'en est-il pas ainsi des raisonnables ?

Le premier est nécessaire. Le monde seroit surchargé d'animaux si les géné-

E 6

rations qui se succédent ne se faisoient place les unes aux autres.

Mais le nombre des esprits peut au contraire s'accroître toujours sans inconvénient.

Le désir de l'immortalité est un instinct, & c'est une indication raisonnable des desseins de l'auteur de ce désir.

La nature intelligente de l'homme est susceptible de progrès au-delà du point où elle parvient dans cette vie.

Le gouvernement de Dieu est juste; cependant le désir que l'homme a par instinct d'une justice distributive n'est pas accompli dans cette vie. Delà l'opinion universelle que les méchans recevront un surcroît de punition, & les gens de bien un surcroît de récompense dans un état à venir.

„ Diverso itinere, malos à bonis
„ loca tetra inculta, fœda atque for-
„ midolosa habere. (*).

―――――

(*) Harangue de Caton dans l'histoire de la conjuration de Catilina par Salluste.

INS.

INSTITUTIONS DE PHILOSOPHIE MORALE.

QUATRIEME PARTIE.

DES LOIX MORALES ET DE LEURS APPLICATIONS LES PLUS GENERALES.

CHAPITRE I.

Définitions.

LA loi morale, en tant qu'elle se distingue de la loi physique, est l'expression générale de ce qui devroit être.

En ce sens très étendu les régles des arts, celles qui concernent la beauté & la convenance, à quelque sujet qu'elles se rapportent, doivent être rangées dans la classe des loix morales. (*).

La loi morale, rapportée aux êtres intelligens est l'expression de ce qui doit être choisi ou fait.

Les actions méchaniques, s'exécutent sans objet, & sans opinion.

Les actions animales sont conduites par l'instinct.

Les actions morales sont déterminées par l'opinion sur le bien & le mal.

Ainsi la nature même du bien toutes les fois qu'il est apperçu ou exprimé implique une obligation qui détermine le choix des êtres raisonnables auxquels il se rapporte.

Les loix morales peuvent être considérées sous différents points de vue & distinguées par différens noms.

Rélativement à leur source elles peuvent être distinguées, en originaires ou naturelles, & en conditionnelles ou adventives.

Rélativement à leur sujet, on les distingue en loix de religion ou de société ; en loix de paix ou de guerre ; en

―――――――――――
(*) Voy. Hutcheson sur les idées de beauté & de vertu.

loix politiques, civiles, ou criminelles.

Rélativement aux perſonnes à qui elles ſont applicables ; ce ſont les loix des nations en général, ou les loix des Etats particuliers.

La philoſophie morale eſt la connoiſſance des loix morales rélativement à leurs ſources & à leurs applications.

La force obligatoire de toute loi, ſoit originaire ſoit adventive ; ſoit générale, ſoit particuliere, dérive en derniere analyſe de la loi de nature.

La loi primitive ou fondamentale de la nature rélativement au genre humain eſt l'expreſſion du plus grand bien dont l'homme ſoit ſuſceptible.

Les loix ſubſéquentes ſont des branches ou des applications de celle-là.

CHA-

CHAPITRE II.

Du bien & du mal.

SECTION I.

Application générale de ces deux termes.

ON applique les termes de *bien* & de *mal* à la jouissance & à la douleur ou souffrance : aux perfections & aux défauts : à la prospérité & à l'adversité.

La jouissance & la douleur sont les deux états opposés d'un être sensible.

Perfection & deffectuosité sont les qualités opposées d'une nature perfectible.

Prospérité & adversité sont les circonstances contraires où se trouve un être actif rélativement aux objets extérieurs.

SECTION II.

De la jouissance & de la souffrance.

LEs jouissances & les souffrances dont l'homme est susceptible, sont ou corporelles, ou intellectuelles.

Les premiéres sont les sensations purement animales de plaisir ou de peine ; l'état des appétits satisfaits ou non.

Les secondes comprennent l'exercice de nos facultés, les amusements & l'ennui; la tendresse & la haine ; la joie avec l'espérance, le chagrin & la peur.

SECTION III.

Des perfections & des défauts,

LEs principales perfections de la nature humaine sont, la bonté, la sagesse, la force d'ame.

Les défauts principaux sont, la méchanceté, la folie, l'intempérance, la lâcheté.

Cette opposition est ordinairement exprimée par les mots de *vertu* & de *vice*.

SECTION IV.

De la prospérité & de l'adversité.

LEs circonstances relatives à la nature humaine qui composent la prospérité sont la santé, l'éducation, la sureté, la fortune, une longue vie.

Les circonstances contraires qu'on nomme adversité, sont, les maladies, l'abjection, la servitude, la pauvreté, la mort.

SECTION V.

Divers systêmes sur l'application des termes de bien & *de* mal.

CEs systêmes peuvent être réduits à trois. L'Epicurien, le Péripatéticien, le Stoïcien.

Les Epicuriens n'appliquoient les

termes de *bien* & de *mal* qu'aux jouiſſances & aux ſouffrances.

Ils ſoutenoient que la ſenſation animale eſt la ſource originelle de toute jouiſſance; & que la jouiſſance intellectuelle n'eſt que la réminiſcence & la contemplation de nos ſenſations.

Les Péripatéticiens ſe conformoient à l'uſage ordinaire quant à l'application des termes de *bien* & de *mal*. Ils comprenoient ſous le premier la jouiſſance, les perfections & la proſpérité, & ſous le ſecond la ſouffrance, les défauts, l'adverſité. Mais ils eſtimoient que la vertu & le vice, étoient plus importans que le reſte.

Les Stoïciens limitoient à la vertu & au vice les termes de *bien* & de *mal*.

Selon eux la bonté bien entendue eſt le ſeul bien & le manque de bonté & de ſageſſe le ſeul mal. Le reſte ne mérite pas ces noms, ou ne dépend pas de notre choix. Dieu s'en eſt réſervé la diſtribution & ne nous a confié que le choix de nos intentions & de nos efforts qui en toutes circonſtances, & dans tous les cas peuvent être également honnêtes.

Cette manière de regarder comme le ſeul bien ce que les autres conſidérent plutôt comme un devoir qui fait souvent renoncer au bien, les a entraînés dans le paradoxe, & les a fait tourner en ridicule par des esprits superficiels : mais malheur à qui les entend & s'en moque.

Les maximes des Epicuriens, & celles des Stoïciens étoient extrêmes, également éloignées du langage ordinaire, & paradoxales.

L'opinion commune soutenoit les Péripatéticiens.

On estimoit que les Epicuriens vouloient borner les soins de l'individu à lui-même, & lui donner de l'indifférence pour autrui ; qu'ils dégradoient la nature humaine.

On jugeoit que la doctrine des Péripatéticiens étoit assez pour l'intégrité & la modération.

Que celle des Stoïciens portoit à l'héroïsme, à l'amour des hommes ; mais exaltoit trop les prétentions de la nature humaine.

La dispute entre ces diverses écoles se réduit à la classification des objets.

Il importe bien plus de distinguer entre les divers objets, de quelque manière qu'on les classifie, quel est le plus grand bien & le plus grand mal :

d'ailleurs quand on est convenu du plus grand bien on devroit si attacher comme si c'étoit le seul.

SECTION VI.
Importance rélative du bien & du mal dans les diverses acceptions de ces mots. (*)

LEs jouissances animales sont occasionnelles & passagéres ; elles produisent la satieté : pour les réitérer il faut attendre le retour de l'appetit.

Elles n'occupent donc qu'une petite partie de la vie humaine.

L'intempérance qui consiste à tenter de les prolonger continuellement, détruit le pouvoir même de jouïr, & produit l'abrutissement.

La sensualité est une maladie de l'intempérance dont les dégouts & la langueur ont besoin d'être soulagés & divertis par des intervalles d'amusemens que les sensuels ne sont pas en état de goûter.

Il paroît que le but du plaisir ani-

(*) Voy. Théorie des sentimens agréables.

mal eſt d'exciter l'homme à agir, & de le diriger vers une fin ſalutaire; mais que la ſenſation du plaiſir n'eſt pas la jouïſſance eſſentielle de la vie humaine.

La douleur corporelle eſt occaſionnelle, mais n'eſt pas toûjours paſſagère.

Elle paroît deſtinée à éloigner l'homme de ce qui lui eſt pernicieux.

Sa durée peut ſurpaſſer celle de tout plaiſir corporel, & ne ſe termine même quelquefois qu'à la mort.

Conformément à ſa cauſe finale la douleur ſubſiſte tant que la vie animale eſt attaquée; elle augmente avec le danger.

Dans le cours ordinaire de la vie humaine, les grandes douleurs ne ſont pas fréquentes.

Les jouïſſances ſoutenues des hommes viennent de leurs occupations, de leurs affections, de leurs joies, de leurs eſpérances.

Entre les manières d'exercer nos facultés celles qui nous amuſent le plus ſont celles qui reveillent nos affections, qui employent nos talens, qui nous occupent.

Par cette raiſon les occupations les plus importantes doivent être préférées aux plus légères, même à celles qu'on cherche sous le nom de plaisir.

Les gens d'affaires ont plus de jouissances que les hommes dissipés.

L'opposé de l'amusement est l'oisiveté & l'ennui.

Les affections sont d'autant plus agréables, qu'elles sont plus vives, plus étendues, plus durables.

La malice est d'autant plus pénible qu'elle est plus étendue, plus animée, plus implacable.

La joie & l'espérance augmentent d'intensité & de durée à proportion qu'elles sont fondées sur la vérité.

Les opinions fausses produisent des joies passagéres, des espérances trompeuses.

Plus les hommes se trompent sur la valeur & l'importance des objets; plus ils s'exposent au chagrin, à la crainte, à être frustrés dans leur attente.

Les jouissances intellectuelles sont en général préférables aux animales, parce qu'elles peuvent devenir habituelles & remplir la plus grande partie de la vie humaine.

En résumant donc; il est manifeste que les occupations sérieuses, les affections de bienveillance, les opinions fondées, sont les sources de jouissance que les hommes doivent préférer.

On a observé qu'un des plus forts penchans de la nature humaine, est celui qui tend à nous perfectionner.

Les phénomènes de ce penchant sont l'émulation, l'orgueil, la vanité, l'estime & le respect pour les autres, l'enthousiasme, la grandeur d'ame & le contentement de soi.

Pour satisfaire à ce penchant les hommes renoncent à tout autre plaisir, se soumettent à toute sorte de souffrance.

C'est le principe de l'honneur dans les monarchies, de l'ambition & de la vertu dans les républiques.

La bienveillance, la bonté du cœur est la plus grande des perfections; c'est en même tems la source des plus grandes jouissances.

La sagesse, ou une juste appréciation des objets est la meilleure défense contre l'espérance trompeuse, le désespoir, les passions pernicieuses.

La tempérance est la manière convenable d'user des jouissances de toute espèce.

Le courage ou la force d'ame est le remède contre l'abatement & la crainte, c'est la meilleure défense contre le dan-

danger, le meilleur palliatif des souffrances inévitables.

Plus on estime les plaisirs des sens, plus la tempérance est précieuse, puisqu'elle enseigne à en faire usage.

Les plus grands défauts des hommes aussi bien que leur plus grandes souffrances sont la malice & la lâcheté, ou bien ils résultent de l'intempérance & de la folie.

Par conséquent la plus grande jouissance ou la moindre souffrance chez les hommes coincident avec la plus grande perfection.

On met un prix à la prospérité parce qu'on la regarde comme un moyen de jouïr, & de rendre nôtre condition meilleure.

La santé nous met en état d'acquérir les jouissances & les bonnes qualités dont nous sommes susceptibles; mais elle ne nous assure ni les unes ni les autres.

L'usage de la santé est un bien, son abus est un mal.

La bonne éducation se propose de cultiver nos bonnes dispositions, de nous donner des qualités estimables.

La négligence en ce point conduit à des fins opposées.

Mais on ne sauroit dire que la meilleure éducation ni la pire aient un effet sûr & déterminé.

On parvient plus aisément à la sureté & à la liberté sous les institutions politiques les plus sages.

Ces deux biens sont le fruit du régne de la justice, & leur jouissance favorise l'extension de la bienveillance universelle.

Cet effet & tous les usages convenables de la liberté sont un bien.

C'est un mal d'en abuser.

La servitude est à tous égards l'opposé de la liberté & de la sureté.

Une fortune suffisante pour nos besoins, suffit pour tous les objets de la vie animale.

Une augmentation de richesses ne produit pas une augmentation de jouissance proportionnée.

Elle conduit souvent à l'intempérance, à la dissipation, à l'orgueil, au dédain.

L'homme est fait pour une fortune mêlée ; les difficultés & les dangers manifestent chez lui des talens dans l'exercice desquels consiste sa plus grande perfection.

La vie par elle-même n'est que l'occasion de profiter du bien & d'essuyer le mal dont la nature humaine est susceptible.

C'est un bien ou un mal suivant l'usage qu'on en fait.

Le prix de la prospérité en général dépend de la manière de s'en servir.

Bien user des choses est une perfection de notre nature.

Il est donc manifeste que le désir de la perfection est le guide le plus sûr pour aller à la jouissance, & pour acquérir tous les avantages de la prospérité.

Toutes nos jouissances, excepté celles des sens, viennent de quelque recherche dont le plaisir n'est pas l'objet, mais la conséquence. Ainsi le plaisir de la chasse vient de l'ardeur de saisir la proie; le plaisir attaché au travail vient de l'ardeur avec laquelle nous allons à son objet; les plaisirs d'affection naissent de l'intérêt que nous prenons aux autres hommes; & le plaisir que donnent les bonnes actions dérive de l'estime que nous avons pour la vertu : si le plaisir est notre seul but, nous le manquerons dans tous ces cas.

Il ne faut pas mesurer le vrai bien qu'un homme possède par les jouissances qui font en son pouvoir; ses qualités personnelles en sont la vraie mesure.

Entre les différents objets qu'on a nommés bien ou mal, il paroît que la vertu & le vice sont les plus importans.

La première est par elle-même le plus grand avantage, la possession la plus sûre, ce qui rend les hommes le plus capables d'user de leurs autres avantages de leurs autres possessions.

Le second est malheureux par lui-même & tourne en malheur toutes nos circonstances extérieures.

CHAPITRE III.

De la loi fondamentale de la moralité, & des sujets auxquels on peut l'appliquer.

SECTION I.

Loi.

LE' plus grand bien dont la Nature humaine soit susceptible c'est d'avoir l'ame juste & bienfaisante.

Cette loi peut être appliquée aux qualités du cœur ou aux actions extérieures.

Etant appliquée au cœur elle sert à nous indiquer le bonheur.

Etant appliquée aux actions extérieures, c'est une direction pour se conduire avec justice & convenance.

SECTION II.

De l'application des loix de moralité à l'ame, ou du bonheur.

LE bonheur est la possession du plus grand bien, ou la possession d'une ame bienveillante, sage & courageuse.

C'est une distinction entre les qualités personnelles des hommes; non pas entre leurs situations extérieures.

Le fondement du bonheur est une affection déterminée, quant à sa nature: mais indéfinie quant à son objet.

Entre ses objets Dieu est l'objet suprème.

Cette affection étant un principe actif, exige, ou inspire toutes les qualités indispensables pour en atteindre la fin.

Entre ces qualités la sagesse tient la première place.

La justesse & l'étendue de l'intelligence conduisent à la pieté, à la bienveillance, à la candeur.

Les bonnes intentions n'ont pas leur effet, si elles ne sont pas conduites convenablement.

Les bonnes intentions égarées ou abusées finissent pas dégouter de la vertu.

Cette disposition exige le courage, la force d'ame. Les ames foibles font trop occupées de leur sureté pour nourrir aucune affection sincère & vigoureuse.

La vertu exige la tempérance, car les hommes livrés à la sensualité, ou à la dissipation, ne sont pas capables d'affections sérieuses & soutenues.

Cette affection lorsqu'elle est sincère & vive remplit l'ame toute entiére; elle en exclut les plaisirs inférieurs, les inquiétudes personnelles, la crainte: ainsi elle est un principe de tempérance & de force d'ame.

SECTION III.

Des degrés de bonheur & du point où les hommes parviennent.

LA définition du bonheur parfait & de la vertu parfaite sont les mêmes.

Une bienveillance universelle, une

sagesse exempte d'erreur, une force & une élevation d'ame que les plaisirs ne sauroient séduire, que des douleurs sans remords ne sauroient abatre.

Les hommes conçoivent la perfection absolue; mais ne sont suceptibles que de progrès.

L'idée de la perfection est une lumiére qui conduit nos progrès.

L'objet de la philosophie morale est de déterminer cette idée.

A moins de recommander des défauts, les philosophes ne peuvent éviter de prescrire des vertus supérieures au pouvoir de la nature humaine.

Les dispositions des hommes sont diverses; leurs forces sont inégales : il est impossible de marquer les limites de leur progrès.

Chacun tend vers le mieux, mais on prend différentes routes pour y arriver.

L'un veut augmenter sa fortune, l'autre avancer à un plus haut rang, ou étendre sa renommée : il seroit plus aisé de gagner du côté du vrai mérite.

SEC-

SECTION IV.

Des Opinions qui produisent le malheur, ou qui nous empêchent de nous perfectionner.

IL est malheureux de placer si bas les prétentions de la nature humaine qu'on en repousse les efforts.

C'est un malheur de se faire une trop haute idée de la réalité des vertus parmi les hommes : cette erreur nous expose a être rebutés dans le commerce de la vie, & a désespérer du bien que nous voulions faire.

Il est malheureux d'appuyer notre choix de bonnes qualités sur la supposition que nous les rencontrerons en autrui.

C'est un mal de considérer la perfection comme un modèle sur lequel nous pouvons juger nos pareils, & non pas comme une régle de conduite pour nous même.

C'est une opinion malheureuse que de placer le bonheur dans l'exemption de travail & d'affaires.

Il en arrive qu'on se plaint de ce qui pouvoit remplir le tems agréablement.

En éludant tout assujettissement, toute obligation d'agir, on rend la vie un fardeau, & on se plaint quelle est à charge.

En préférant l'amusement aux affaires, on rejette ce qui est propre à nous occuper, & on cherche en vain ailleurs dequoi guérir son ennui.

C'est un malheur de se persuader que nous serions plus amusés d'autre chose que de notre devoir, ou que l'objet dont nous devons nous occuper dans ce moment n'est pas celui dont nous aurions le plus de plaisir.

Il est malheureux de croire que la bienveillance est un effort de renoncement à soi-même, ou que nous imposons de grandes obligations aux autres hommes par les services que nous leur rendons.

Il est malheureux de croire qu'il y ait quelque chose de préférable au bonheur même.

Le vulgaire a ses paradoxes comme les savans, il préfère souvent la renommée, l'intérêt, le pouvoir, à un bonheur reconnu.

Il préfére la confidération, ou l'imputation du mérite, au mérite même.

On eſt malheureux de compter pour faire ſon bonheur fur ce qui eſt hors de ſon pouvoir.

C'eſt un malheur de croire qu'il y a du bien dans les choſes dont nous pourrions nous paſſer avec indifférence, ou du mal dans celles que nous pouvons ſupporter avec patience.

C'eſt une erreur d'employer vaguement les termes d'admiration ou de mépris, & ſans donner attention a leur vrai ſens.

Nous diſons communément qu'un homme eſt bien ou mal, pour exprimer ſeulement qu'il eſt arrivé quelque changement à ſa fortune.

Nous ſuppoſons que ces phraſes peuvent être entendues ; mais comme beaucoup d'autres du même genre, elles couvrent une notion bien abſurde qui confond les circonſtances extérieures avec les qualités perſonnelles ; ce qui n'appartient pas à l'homme avec ce qui lui appartient.

SECTION V.

Des Opinions & des circonstances qui produisent le bonheur où qui sont propres à nous perfectionner.

IL est heureux d'estimer les qualités personnelles par dessus tout autre objet; & de considérer la perfection non pas comme une régle pour censurer autrui; mais comme un guide pour nous conduire nous-mêmes.

C'est un bonheur de se fier uniquement à ce qui est en notre pouvoir; d'estimer les occupations d'une ame vertueuse & ferme comme notre seul bien, & l'avilissement d'une ame malicieuse & lâche, comme notre seul mal.

C'est un bonheur d'avoir continuellement sous les yeux que nous sommes membres de la societé & de la communauté du genre humain; que nous sommes des instruments dans la main de Dieu pour le bien de ses créatures, que si nous sommes membres vicieux de la societé, ou instruments rénitens dans la main de Dieu, nous faisons notre poſſible pour contrecarrer notre nature, pour abandonner notre poſte & pour nous perdre.

Je ſuis dans le poſte où Dieu m'a placé, dit Epictète. Avec cette réfléxion, on peut être heureux en toute ſituation; ſans elle on ne peut l'être dans aucune. L'ordre divin n'eſt-il pas ſuffiſant pour l'emporter ſur toute autre conſidération ?

C'eſt ce qui rendoit la condition d'eſclave ſupportable à Epictète, & celle de monarque à Marc Antonin. Cette penſée rend toutes les places agréables à une créature raiſonnable qui fait ſes délices, non d'un intérêt partiel, mais du grand objet qui doit occuper toute ame pure ; le bonheur général.

Quiconque poſſède de bonnes qualités perſonnelles, n'en eſt redevable qu'à Dieu ſeul ; mais les circonſtances dans leſquelles on eſt placé, la police du gouvernement ſous lequel on vit, l'éducation, les lumières, les habitudes, ont une grande influence ſur la formation du caractère.

SEC-

SECTION VI.

Application aux actions extérieures en général.

Les actions extérieures, considérées séparement de l'affection de l'ame ou de l'intention, ne sont que des mouvements du corps & n'ont aucune qualité morale.

Mais les affections ou l'intention étant un bien ou un mal, il s'ensuit que la même loi de moralité qui prescrit ou défend l'affection, doit de même prescrire ou défendre la conduite qui est réputée en résulter.

La loi qui prescrit l'amour des hommes conduit par la sagesse, le courage & la tempérance, exige en même tems les actions extérieures qui conviennent à cette affection & à ces qualités.

La loi qui défend la malice, la nonchalance, la lâcheté, l'intempérance défend aussi l'effet extérieur de ces divers caractères.

SECTION VII.

Diversité d'opinions sur la moralité des actions extérieures.

ON ne sauroit fixer la différence du bien & du mal moral en décrivant simplement les actions extérieures.

Des actions qui sont matériellement les mêmes, seront moralement bonnes dans un certain cas & moralement mauvaises dans un autre. Les hommes ne sont point convenus généralement dans quelque cas que ce soit de ce qu'ils exigent, de ce qu'ils défendent. Ce qui est estimé innocent ou louable dans un païs est réputé dans l'autre une trangression odieuse. Les définitions du vol, du meurtre, de la trahison, sont différentes suivant les loix des divers païs.

Les termes qui expriment les devoirs extérieurs des hommes dans un langage, n'ont pas un équivalent précis dans un autre.

SECTION VIII.

Causes de cette Diversité.

CEtte diversité ne vient d'aucune différence d'opinions ou d'expérience touchant les traits caractéristiques de la nature humaine.

Tout le monde convient que la bonté & le courage sont un bien, que la malice & la lâcheté sont un mal; & quand même on allégueroit qu'un certain nombre d'hommes sont d'une opinion contraire, chaque individu peut corriger l'erreur par sa propre expérience.

Cette diversité dérive de trois causes: 1°. la différence du cas allégué. 2°. la différence du choix de ceux à qui nos actions extérieures importent. 3°. la différente interprétation donnée aux actions.

SECTION IX.

Cas différent.

CEtte différence vient ou de la personne ou des circonstances.

Une action, matériellement la même, est permise à une personne & défendue à l'autre: C'est le devoir d'un magistrat de faire périr un scélérat, ce seroit un crime dans un particulier.

On peut tuer pour sa propre défense, mais non pas pour d'autres circonstances.

Il y a un nombre infini de cas différens; mais les régles d'actions étant générales, ne sauroient pourvoir aux circonstances particulières de quelque cas que ce soit.

La seule direction à laquelle les hommes puissent se fier en toute occasion, c'est le discernement d'une ame sage & bienfaisante.

SECTION X.

Choix différent.

LEs hommes ne font pas d'accord fur les objets extérieurs.

Ce qu'une perfonne croit être un bien pour elle, une autre le croit un mal. Elles ne s'accorderont donc pas fur les actions de bienfaifance qu'elles défireront : l'une demandera comme une faveur ce qu'une autre reffentiroit comme une injure.

Il n'y a point de fait extérieur dont les hommes n'ayent conçu des opinions contradictoires, même de la vie & de la mort.

Chez les Efquimaux, le père parvenu à un certain âge veut que fes enfans terminent fes jours.

En Europe, une veuve défire que fon mari lui laiffe un douaire avantageux : aux Indes, la veuve fouhaite de fe brûler fur le bucher de fon mari.

Dans tous les cas, nous défirons d'autrui des actions qui marquent de la bienveillance & de la confidération.

SECTION XI.

Différente interprétation.

EN plusieurs cas, les actions extérieures font indifférentes, ou sans conséquence, ce sont des signes établis pour marquer qu'on a de l'attention ou qu'on en manque, qu'on veut du bien ou du mal; en un mot, elles indiquent une affection ou une disposition.

Tels sont les rites religieux de tous les païs; telles sont aussi plusieurs cérémonies observées dans le cours ordinare de la vie. Même les actions qui ont plus de conséquence sont souvent considérées plutôt rélativement à la disposition qu'elles indiquent qu'à tout autre effet.

Tant que les actions ne sont que les expressions des pensées, le choix en est purement arbitraire, comme celui des mots; & les nations peuvent différer l'une de l'autre par leurs observances extérieures, sans aucun inconvénient, comme elles font dans le langage. Une nation loue ce que l'autre condamne; elles interprètent différemment la même action, ou une action pareille.

La diversité de mœurs qui vient de la différence de choix ou d'interprétation, rend difficile le jugement qu'on porte du mérite ou des qualités personnelles des hommes qui ont vécu dans un siècle ou dans un païs éloigné du sien.

Le vulgaire n'est capable d'expliquer que les manières de ceux de son état & de son païs ; il se méprend d'ordinaire sur les hommes d'un rang différent & sur les étrangers. Il n'y a rien dans les manières extérieures que l'opinion ne puisse rendre agréable ou désagréable; & l'opinion d'un païs n'est pas la régle ou le modèle sur lequel on peut juger des manières d'un autre païs.

La définition des délits diffère dans les loix de différens païs ; parce que les intérèts étant différemmment constatés, sont exposés à être attaqués de différentes manières.

Les termes de louange ou de blâme n'ont pas un équivalent précis dans différens langages ; parce qu'ils expriment des combinaisons, des qualités qui ne se font pas de même dans différens païs.

Ceci n'empêche point un accord parfait d'opinion touchant chaque article à part de ces combinaisons.

SECTION XII.

Loix fondamentales des actions extérieures.

1°. Dans les objets indifférens, nous devons observer les manières de notre patrie, comme nous en parlons le langage & suivons les modes.

2°. Dans les objets importans nous devons choisir ce qui est le meilleur pour le genre humain, malgré l'opinion & la coutume.

Ainsi nous devons faire tout ce qui tend à rendre les hommes meilleurs, à prévenir leur corruption, à assurer leurs droits; nous devons éviter tout ce qui tend à les corrompre, à les séduire, ou à faciliter l'oppression.

Lorsque les habitudes ou les affections changent en bien ou en mal, les hommes se perfectionnent ou dégénèrent.

Lorfque les coutumes d'innocentes & d'utiles qu'elles étoient, deviennent pernicieufes, ce n'eft pas un fimple changement de manières, c'eft une dépravation de mœurs.

Si les hommes ignoroient la tendance de leurs coutumes & de leurs mœurs pernicieufes, cette ignorance même feroit un point de leur dépravation.

SECTION XIII.

Des différentes fanctions fous lefquelles les actions extérieures font exigées ou défendues.

LA fanction d'une loi, c'eft le bien ou le mal attaché à fon obfervation ou à fa violation.

La fanction générale de la loi de la moralité, c'eft que fon obfervation produit le bonheur, & qu'en ne l'obfervant pas on eft miférable.

Lorfqu'il s'agit d'actions extérieures, cette fanction eft diverfement modifiée par les différens moyens que ceux que les actions regardent peuvent employer pour obtenir l'obfervation de la loi.

De-là vient la distinction des loix de contrainte & de choix.

Sous le premier titre on peut comprendre tous les devoirs qu'on a droit d'exiger par voye de fait.

Sous le second tous les devoirs qu'on doit attendre seulement de la bonne volonté de ceux qui agissent.

SECTION XIV.

Des personnes que les loix regardent.

LA loi de moralité peut être rapportée, ou à la conduite des individus, ou à celle des corps collectifs.

Les devoirs des individus peuvent être exigés par la force ou dépendent de leur bonne volonté.

Les devoirs du premier genre font le sujet de la jurisprudence, ceux du second regardent les mœurs & le mérite personnel.

Les sociétés dans ce qui regarde leurs relations réciproques font considérées comme des individus; mais les actions commandées ou défendues, relativement à l'état & à la forme des sociétés, font la matière de la politique.

INSTITUTIONS DE PHILOSOPHIE MORALE.

CINQUIEME PARTIE.
DE LA JURISPRUDENCE.

CHAPITRE I.
Du Droit de contrainte.

LA première application de la loi fondamentale de la moralité eſt négative; elle défend de faire du tort à autrui.

Comme chacun eſt en droit de ſe protéger lui-même & ſes ſemblables, les torts peuvent être repouſſés par la force; & la première loi qui autoriſe la voye de fait eſt celle qui défend de commettre aucun tort & qui donne le droit de ſe défendre. Toute

Toute partie de l'état d'un homme, qui peut être maintenue par la force ou autrement, se nomme *son droit*.

La jurisprudence a deux parties; la première se rapporte aux droits des hommes, la seconde à leur protection.

CHAPITRE II.

Des Droits des hommes en général.

UN droit est le rapport d'une personne à une chose auquel on ne doit rien changer sans son consentement.

Les choses constituent la personne même, ou son état.

Le respect pour les droits est compris sous la loi de nôtre conservation, combiné avec la loi de société; en d'autres termes il dérive de nôtre disposition à nous conserver nous-mêmes, & nos pareils.

Le tort ou injure est la violation du droit.

La manière dont les torts nous affectent se nomme ressentiment quand ils nous concernent, indignation quand ils regardent autrui.

Personne ne sauroit avoir un droit à ce qui est impossible, ou à ce qui n'existe pas.

Le droit d'une personne exclut le droit d'une autre.

CHAPITRE III.

De la Loi de défense ou de protection en général.

UN droit peut être maintenu par tous les moyens qui sont efficaces & nécessaires.

Cette loi de défense renferme trois clauses.

1°. Qu'un tort que l'on craint peut être prévenu.

2°. Qu'un tort entrepris peut être repoussé.

3°. Qu'un dommage fait doit être réparé.

CHAPITRE IV.

Différence des Droits.

SECTION I.

Division générale.

LEs droits peuvent être considérés ou rélativement à leur sujet ou rélativement à leur source.

Au premier égard on les distingue en droits personnels & en droits réels.

Quant au second ils sont ou originaires ou adventifs.

SECTION II.

Des Droits personnels.

LEs droits personnels existent dans la personne, & constituent sa nature.

Les jurisconsultes ont distingué les personnes en naturelles & artificielles.

Une personne naturelle est un individu.

Les personnes artificielles sont les sociétés ou les Etats.

Ce qui constitue les droits des personnes naturelles ce sont leurs membres & les organes de leur corps, les facultés & les talens de leur ame, enfin l'usage qu'ils font de l'un & de l'autre.

Les droits des personnes artificielles c'est l'assemblage des membres qui les composent; leurs formes & leurs loix.

SECTION III.

Des Droits réels.

LEs choses dont chaque personne peut avoir l'usage exclusif forment ses droits réels.

Les droits réels peuvent être rapportés à trois chefs: possession, propriété, autorité.

La possession ne constitue un droit que pendant l'usage actuel de la chose.

La proprieté est un droit continuel.

Personne ne peut avoir un droit de

poffeffion fur la propriété d'autrui.

L'autorité eft le droit au fervice ou à l'obéïffance des autres hommes.

SECTION IV.

Des Droits originaires.

LEs droits originaires regardent toutes les chofes qui appartiennent à la nature humaine & qui commencent à exifter avec l'homme.

Les droits perfonnels des hommes font originaires.

C'eft par un droit originaire que le père commande à fon enfant; mais en tout autre cas, perfonne n'a un droit originaire à exiger l'obéïffance d'autrui, fi ce n'eft pour le contraindre à s'abftenir des torts ou à s'en défifter.

SECTION V.

Des Droits adventifs.

LEs droits adventifs font ceux que les hommes acquiérent divertifment dans le cours de leur vie.

Les droits originaires sont reconnus sur la première indication.

Les droits adventifs sont matière à discussion, & ne sont reconnus qu'autant qu'on les prouve.

En traitant des droits adventifs, il ne suffit pas d'en dénombrer les objets, il faut détailler aussi les moyens par lesquels on peut les acquérir.

La possession, la propriété, & l'autorité sont des droits adventifs.

Les distinctions adventives dans la societé sont fondées pour la plupart sur la propriété & l'autorité.

CHAPITRE V.

Des Loix d'acquisition en général.

Aucun droit ne peut être acquis par l'injustice ; ou en d'autres termes, par une action pernicieuse au genre humain.

Les moyens d'acquérir quelque droit peuvent être rapportés à quatre principaux chefs : l'occupation, le travail, la convention, (*) & l'amende.

(*) Ex delicto.

CHAPITRE VI.
De la Loi d'occupation.

L'Occupation est une telle rélation d'une personne à une chose, qu'aucune autre ne peut se servir de la même chose sans nuire à celui qui l'occupe ou le molester.

C'est ainsi qu'une personne occupe la place sur laquelle elle est couchée, l'eau qu'elle boit, l'air qu'elle respire, la lumiére qui l'éclaire, le passage de son vaisseau dans la mer.

Mais on ne sauroit occuper la terre entiére, le cours d'un fleuve, l'athmosphère, l'océan.

CHAPITRE VII.
De la Loi d'acquisition par le travail.

LE travail est l'effort par lequel une personne peut se procurer pour son usage, ou fabriquer ou perfectionner un objet qui n'étoit point encore approprié.

Le droit acquis aux fruits du travail eſt compris dans le droit originaire que tous les hommes ont à l'uſage de leurs talens ou de leurs facultés.

Avant les conventions, les hommes n'acquierent aucun droit par l'obſervation de quelques formalités ou cérémonies ſans effet; car le droit qu'on acquiert n'eſt que d'uſer de la choſe produite.

Un objet d'acquiſition ſimple, qui n'eſt l'effet d'aucun ſoin & d'aucun travail appartient au premier occupant s'il n'y a point de conventions contraires.

L'accroiſſement d'un troupeau étant le fruit des ſoins du propriétaire, lui appartient; mais des îles & des païs nouveaux quoique voiſins d'une ancienne propriété appartiennent au premier occupant.

Un homme en travaillant ſur la propriété d'autrui ne peut pas annuller ce droit; au contraire ſi l'effet de ſon travail ne peut être détaché du principal ſujet ſans dommage, il appartient au propriétaire de ce ſujet principal.

Mais une perſonne qui aura employé

de bonne foi son travail sur la propriété d'autrui, a droit de séparer le fruit de son travail & d'en jouir, si cela se peut faire sans dommage & sans trouble pour le propriétaire.

Les conventions civiles arrangent les effets de l'accession ou du travail suivant la convenance des parties & la police des états particuliers.

CHAPITRE VIII.

De la Loi d'acquisition par Contract.

SECTION I.

Des obligations du Contract.

UN contract est l'engagement des parties d'executer ce qu'on suppose être en leur pouvoir.

Les engagements sont pris par promesses.

Les hommes par leur nature se fient aux promesses les uns les autres.

L'objet d'une promesse ou d'un

engagement devient partie de l'état d'un homme ; lui manquer de foi c'eſt lui faire un tort ; il eſt en droit de le repouſſer par la force.

Ici la loi de la contrainte qui dans ſa forme originaire étoit négative ou de prohibition devient poſitive. Elle exige qu'on accompliſſe tout engagement légitime.

SECTION II.

Loix des Contracts en général.

1. LA ſource de l'obligation conventionnelle eſt le droit qu'à l'une des parties d'exiger que l'autre exécute ce à quoi elle lui a donné lieu de ſe fier.

2. Les contracts ne donnent donc un droit qu'à ce qui dépend des parties contractantes.

3. Pour former un contract il faut une promeſſe mutuelle, ou une promeſſe & une acceptation entre des parties qui agiſſent librement & qui ont l'uſage de leur raiſon.

Quoique l'une des parties ait promis, ſi l'autre n'a pas accepté, celle-ci ne

JURISPRUDENCE. 155

peut pas prétendre qu'elle fe foit fiée à l'exécution.

Une promeſſe mutuelle implique néceſſairement l'acceptation.

Ceux qu'on fait agir contre leur volonté ou leur raifon ne fauroient faire naître une attente raifonnable.

4. Une partie contractante peut ftipuler en perfonne ou par un agent ou un meſſager, elle s'exprime par des mots, des actions, ou des fignes fuffifamment entendus.

5. On eft lié par la ftipulation d'un domeftique ou d'un meſſager auquel on a donné les pleins pouvoirs ou qu'on a autorifé en reconnoiſſant fouvent la confiance qu'on lui donnoit.

6. Il faut interprèter les termes dans leur fens le plus ordinaire, ou dans le fens que d'autres fignes font connoitre qu'on avoit intention de leur donner.

7. Une action quelle qu'elle foit, fi fon auteur a deffein de faire naître une attente, ou fi elle eft connue pour en faire naître naturellement, une telle action fuffit pour établir un contract.

8. La coutume eft le fondement d'une attente raifonnable; ainfi elle eft obligatoire pour toutes les parties.

G 6

Une grande partie des conventions civiles entre les hommes, c'est-à-dire des loix municipales, sont établies par la coutume de leur patrie.

Une pratique introduite par la force peut devenir une coutume légale ; car si elle est telle que les hommes viennent à s'y plaire & continuent à l'observer volontairement, elle devient objet de convention.

Mais les pratiques ou les souffrances qui sont intolérables aux hommes, quoiqu'on les oblige par la force à s'y soumettre ne peuvent jamais sous pretexte d'usage & de coutume devenir un objet de convention ; c'est toujours une usurpation.

SECTION III.

Contracts de dénominations différentes.

Es contracts peuvent être distingués en absolus & en conditionnels, ou en unilatéraux & réciproques.

Les contracts absolus sont établis par une simple promesse & une acceptation,

Les contracts conditionnels expriment une promesse & une acceptation sous condition.

Les contracts unilatéraux consistent dans la promesse d'une des parties & l'acceptation de l'autre.

Ici l'une des parties stipule, l'autre accepte.

Les contracts réciproques consistent en promesses mutuelles & en acceptations mutuelles.

Ici chaque partie stipule & accepte.

SECTION IV.

Exceptions aux Contracts en général.

Toute promesse devient nulle par les exceptions de contrainte, de dol ou fraude d'injustice, & d'impossibilité.

Premiere Exception.

La force ou contrainte consiste dans la violence actuelle ou dans les menaces employées par la partie qui accepte.

Cette exception est valide.

1. Parce que celui qui extorque une promesse par contrainte ne peut s'attendre raisonnablement qu'on ait dessein de l'accomplir.

2. Parce que la partie qui employe la force fait un tort ; & aulieu d'acquérir un droit on a celui de la prévenir ou de l'obliger à la réparation.

Remarquez que cette exception ne s'étend pas au cas où l'on auroit contracté avec une partie à cause de la violence d'un tiers.

Cette exception n'est pas admise non plus par la pratique des nations dans le cas de ceux qui se rendent à la guerre ou dans les capitulations militaires.

Seconde Exception.

La fraude ou le dol consistent dans la tromperie que l'une des parties employe pour obtenir en sa faveur une promesse de l'autre partie.

Cette exception est valide.

1. Parce que la partie qu'on sait avoir été trompée touchant ce qu'elle a promis ne peut pas faire naître l'attente qu'elle remplira sa promesse quand elle sera détrompée.

2. Parce que le dol ou la super-

cherie est un tort & donne droit à une réparation.

Remarquez que cette exception n'annulle pas les promesses faites à une personne innocente en conséquence de la fourberie d'un tiers.

Cette exception n'annulle pas non plus les capitulations militaires quoiqu'obtenuës par stratagème.

TROISIEME EXCEPTION.

L'injustice consiste dans le tort qui résulteroit pour un tiers de l'exécution d'un contract.

Il y a quatre cas différens dans lesquels on peut alléguer cette exception.

Premier cas. Lorsqu'aucune des parties contractantes n'observoit au moment de la stipulation qu'elle étoit injuste.

Dans ce cas le contract est simplement nul.

Deuxième cas. Lorsque la partie acceptante seule appercevoit l'injustice.

Dans ce cas le contract est nul ; & la partie acceptante a fait une unjustice contre la partie qui promettoit, aussi bien que contre la personne tierce laquelle auroit eu à souffrir si le contract s'étoit effectué.

Troisième cas. Lorsque la partie stipulante feule appercevoit l'injuftice.

Si elle a ftipulé avec intention d'exécuter, elle a fait injuftice à la perfonne tierce.

Si elle a ftipulé avec l'intention d'alléguer ce moyen de nullité, elle a fait tort à la partie acceptante.

Quatriéme cas. Lorfque les deux parties s'apperçoivent de leur injuftice.

Alors les deux parties font tort à la perfonne tierce.

Quatrieme Exception.

L'impoffibilité s'étend à tous les cas où l'effet promis ne peut pas avoir lieu dans la nature des chofes; à tout article qui paffe le pouvoir des parties ou qui ne dépend pas de leur volonté.

Cette exception comme la précédente fournit quatre cas différens.

Cas premier. Lorfqu'aucune des parties contractantes n'appercevoit l'impoffibilité : le contract eft alors fimplement nul.

Cas fecond. Si la partie acceptante feule appercevoit l'impoffibilité.

Cette conduite peut n'être qu'extravagante; elle peut auffi être injufte envers la partie qui promet, l'engager dans quelque piége ou dans quelque vaine tentative.

Troisiéme cas. Lorsque la partie qui promet appercevoit seule l'impossibilité.

C'est une injustice envers la partie acceptante, parce qu'on fait naître en elle une attente vaine.

Le *quatriéme cas* où l'on supposeroit que les deux contractans connoissent l'impossibilité de la stipulation ; ce cas, dis-je est absurde, & ne peut avoir lieu.

SECTION V.

Exceptions au Contract conditionnel & réciproque.

Tous les contracts conditionnels sont nuls si la condition a manqué, ou si elle se trouve injuste ou impossible.

La condition peut être simplement contingente, ou bien elle peut dépendre de la volonté de l'une des parties.

Si elle est contingente, ou bien les parties auront le droit d'intervenir comme dans les jeux d'adresse & de société ;

ou bien elles n'ont pas le droit d'intervenir comme dans les jeux de hazard.

Si la condition dépend de la volonté de la partie ſtipulante, elle n'eſt obligée d'exécuter une action qu'en conſéquence de ce qu'elle aura exécuté l'autre.

Si la condition dépend de la volonté de la partie acceptante, elle n'acquiert un droit que dans le cas où elle aura exécuté cette condition.

Dans les contracts réciproques celle des parties qui manque à la condition, n'a aucun droit à prétendre l'exécution du contract par l'autre partie.

CHAPITRE IX.

De la Loi d'acquiſition par amende (*).

Quiconque a fait une injuſtice eſt obligé de la réparer. De cette manière, celui qui a fait tort peut avoir perdu en faveur d'un autre ce qui auparavant étoit ſon droit.

Perſonne ne peut perdre ſon droit

(*) Ex delicto.

par des actions casuelles ou involontaires. De telles actions quand elles sont préjudiciables aux autres sont un malheur & non pas une injustice.

CHAPITRE X.

De la Loi d'acquisition, comme applicable à des droits particuliers.

SECTION I.

De la Possession.

ON l'acquiert pas la simple occupation de la chose.

SECTION II.

De la Propriété.

ON acquiert la propriété d'un objet qui n'avoit point encore de maître par le travail seul.

L'effet de la prescription dans la société civile résulte d'une convention & non de l'occupation.

La propriété peut être transférée par une convention ou par amende.

Une convention qui transfére la propriété se nomme transport, ou cession.

Ce contract consiste en deux actes, consentir & livrer.

La partie qui a obtenu le consentement sans la délivrance peut défendre ou occuper l'objet par le droit de l'ancien propriétaire, & non pas par le sien.

De là on conclut que le consentement d'une personne décédée sans la délivrance ne sauroit transporter la propriété; parce que la personne défunte n'ayant plus de droit, l'objet appartient au premier occupant.

La force des teftamens eft un effet de convention entre les vivans ; c'eft-à-dire des loix municipales, & non pas d'un droit qui furvive aux morts.

SECTION III.

De l'Autorité ou du droit d'exiger des fervices.

LE droit de commander s'acquiert par contract ou par punition.

Le contract entre le maître & le domeftique eft un contract réciproque.

Les termes font ceux de la ftipulation mutuelle ou ceux que l'ufage connu établit.

Le contract civil, ou la convention entre le magiftrat & le fujet, entre le fouverain & le peuple eft pareillement réciproque.

Les termes font ceux que les parties intéreffées ftipulent par des chartres ou des ftatuts exprès, ou ceux que l'ufage conftaté a établi.

Le contract focial duquel on déduit, fuivant quelques écrivains, les devoirs des hommes qui vivent dans la société, n'est qu'une fiction de théorie, semblable à ces fictions de jurisprudence par lesquels une action qui dérive d'une source est soutenue comme si elle dérivoit d'une autre.

Ainsi l'action réciproque, de tuteur & de pupille qui dérive de l'équité, étoit soutenue dans le droit Romain comme dérivant d'un contract. (*)

Il n'y a point eu réellement de contract avant l'établissement de la société. Les coutumes, les chartres, les statuts qui établissent ou qui expriment les conventions civiles entre les hommes sont tous postérieurs à l'établissement de la société.

Les fictions de droit peuvent être commodes pour arranger les actions civiles, mais ne sont d'aucun usage pour expliquer les loix naturelles ; parce que par la loi de nature un droit, une obligation ne sont admis qu'autant qu'ils sont réels ; ils ne peuvent recevoir de confirmation d'aucune fiction quelconque.

Les droits oirginaires des hommes fondés sur l'humanité & sur le pouvoir

(*) Quasi ex contractu.

JURISPRUDENCE. 167

inhérent à chaque homme de se défendre lui-même, sont si loin d'acquérir de la force par une prétendue convention qu'ils en sont réellement affoiblis.

Les hommes sentent l'obligation qu'ils ont de s'abstenir de faire du tort antérieurement à celle d'être fidéles à leurs engagemens. La derniére est même comprise dans la premiére & fondée sur elle.

Le droit de commander est quelquefois acquis par amende, lorsqu'une personne qui a fait un tort est obligée de le réparer par ses services.

Aucun contract ni punition ne peuvent priver un homme de tous ses droits & le faire devenir la propriété d'un autre.

Personne ne nait esclave; parce que tout homme est né avec tous ses droits originaires.

Personne ne peut devenir un esclave, parce qu'on ne peut pas cesser d'être une personne & devenir comme dit le droit Romain une chose, un objet de propriété. (*)

La prétendue proprieté du maître

(*) Non persona sed res.

sur l'esclave est donc une usurpation & non un droit.

CHAPITRE XI.

De la Défense de soi-même.

SECTION I.

Des moyens de Défense en général.

LA loi de la défense de soi-même autorise une personne à maintenir son droit contre quiconque l'attaque ou l'attaqueroit vraisemblablement & cela par tous les moyens qui sont nécessaires pour l'objet.

Les moyens de défense peuvent être rapportés à trois chefs principaux; la persuasion, l'artifice & la force.

La loi de défense n'autorise l'usage d'aucun moyen qui nuiroit sans nécessité à la partie contre laquelle il seroit employé.

Personne n'est autorisé à autre chose qu'à défendre son droit : tout le mal qu'on qu'on fait au delà de ce qui eſt néceſſaire pour ce deſſein eſt un tort ou une injure.

La loi de la défenſe de ſoi-même peut être appliquée à trois cas différens: 1. celui de parties iſolées & étrangères l'une à l'autre: 2. celui des membres d'un même État. 3. celui des nations.

SECTION II.

Du cas de ceux qui ſont iſolés ou étrangers l'un à l'autre.

ON traite ordinairement ce cas ſous le nom d'état de nature; & dans cet état, chaque homme eſt ſuppoſé ſans liaiſon avec les autres hommes.

Il eſt abſurde de nommer état de nature celui auquel la nature ne diſpoſe point les hommes, & dans lequel on ne les a certainement jamais connus.

Ce prétendu état n'eſt qu'une ſuppoſition ſous laquelle on peut conſidérer abſtraitement certaines applications des loix naturelles.

Les auteurs ne ſe ſont pas rappellés

qu'il suffisoit pour leur but de supposer deux ou plusieurs personnes sans liaison l'une avec l'autre, quoiqu'elles ne fussent pas sans liaison avec le reste du genre humain.

Dans cet état les individus sont en possession de tous leurs droits originaires; mais n'ayant aucune convention, ils ne peuvent avoir aucun des droits ni des obligations qui dérivent des contracts seulement.

Si l'une des parties dans cet état commet une injure contre une autre, celle-ci est autorisée à se défendre.

Il seroit absurde de demander qui jugera entre elles; car le recours au juge est exclus par la supposition même. La partie lézée juge & agit pour elle-même; & lorsque l'art & la persuasion manquent leur effet ou ne promettent pas de succès, elle peut employer la force.

SECTION III.

Du cas des concitoyens.

Les membres d'un même Etat font liés par les conventions civiles & politiques, sur lesquelles sont fondées une multitude de droits & d'obligations adventives.

Les obligations des concitoyens consistent à être soumis à un même pouvoir, ou dans la relation de magistrat & de sujet.

Comme soumis à une même autorité, les individus ont stipulé de remettre leurs différens au jugement des tribunaux ; & d'employer pour leur défense le pouvoir du magistrat.

Cette loi admet les exceptions suivantes.

1. Lorsqu'on ne peut obtenir le jugement des tribunaux, ou que le pouvoir des magistrats ne peut être interposé pour prévenir un tort.

2. Lorsque la réparation par un procès civil ne sauroit être proportionnée au tort.

Les juges ont ſtipulé de décider conformément à la loi & à la juſtice.

Les magiſtrats ont ſtipulé de défendre les droits du ſujet.

Le magiſtrat, comme agiſſant pour la défenſe de l'Etat & des ſujets, eſt autoriſé à réprimer les crimes, par la contrainte & le châtiment.

Il eſt conduit dans l'application de l'une & de l'autre par la loi naturelle & par celle de convention.

La loi de nature lors qu'il n'y a point de convention contraire, borne le pouvoir du magiſtrat à ce qui eſt néceſſaire pour la défenſe de l'innocent. Toutes les contraintes & les rigueurs dont il fait uſage au delà de cette limitation ſont illégitimes.

Il n'eſt pas toujours convenable & utile de porter les punitions auſſi loin que la loi naturelle même le permet; parce que la punition feroit peut-être un plus grand mal que le tort même.

Les loix de convention ſont différentes en différens Etats : chez quelques nations elles permettent l'empriſonnement arbitraire, une rigueur illimitée, des tortures pour toutes ſortes de crimes à la diſcrétion du magiſtrat.

Les pouvoirs de cette eſpèce ſont

le plus souvent des usurpations de la part du magistrat & non pas des droits.

Les droits du sujet sont en danger lorsque le magistrat admet une régle injuste; ou lorsque ses décisions sont irréguliéres ou arbitraires.

SECTION IV.

Du cas des Nations.

Entre nations, un acte du souverain ou de ceux que le souverain employe est regardé comme l'acte de la nation entiére.

L'acte d'un particulier n'est point celui de l'Etat, si ce n'est entant que dans cette action le particulier seroit avoué ou protégé par le corps de l'Etat.

Une nation peut recevoir une injure ou un tort dans la personne d'un de ses membres quelconque.

La nation injuriée peut user de représailles envers la personne ou les effets d'un sujet quelconque de la nation de qui vient l'offense.

Les nations qui soutiennent des

droits litigieux par la rufe ou par la force font dites être en état de guerre.

La guerre n'eft jufte que dans la fuppofition d'un tort appréhendé, entrepris ou confommé.

Les remontrances & les déclarations devroient toujours, lorfque la fureté le permet, précéder les hoftilités.

L'objet immédiat de la guerre eft la victoire.

Les loix de la guerre qui précédent la victoire font celles-ci.

1. Il n'y a d'hoftilités légitimes que celles qui font néceffaires pour obtenir la victoire.

2. Toutes les fois qu'on peut avec fureté donner quartier à un ennemi, il n'eft pas permis de le lui refufer.

3. La perfidie eft rejettée par la pratique des nations en guerre; & elle feroit ruineufe pour le genre humain.

4. Il eft permis à tout le monde d'affifter la partie injuriée; mais quiconque affifte l'aggreffeur injufte peut être traité comme un ennemi.

5. La perfonne & les effets d'un ennemi peuvent être faifis en quelque lieu qu'on les trouve, pourvu qu'on le faffe fans dommage pour une partie innocente.

6. Les effets d'une nation amie, allant chez l'ennemi, peuvent être saisis, si par leur nature ils mettent cet ennemi en état de continuer la guerre avec plus d'avantage.

7. Les prisonniers peuvent être retenus tant que la guerre continue, & jusqu'à ce qu'on ait obtenu une satisfaction & une sûreté suffisantes.

Loix de la guerre après la victoire.

1. Le vainqueur peut profiter de ses avantages pour conserver ses droits, & pour obtenir la réparation du tort qu'on lui a fait.

2. Les succès à la guerre ne forment pas un droit ; mais les pertes & les dommages soufferts à la guerre autorisent à exiger des indemnités.

3. Le vainqueur peut prendre des précautions pour sa sûreté à venir, en mettant son ennemi hors d'état de lui nuire.

4. Les nations n'acquièrent pas la propriété de la personne de leurs prisonniers, comme celle des effets légitimement saisis.

SECTION V.

Conclusion de la Jurisprudence.

PAr les maximes de la loi de contrainte, chacun peut en toute occasion maintenir son droit : mais par des considérations de devoir, il est obligé en plusieurs occasions de l'abandonner.

Il importe plus à chacun d'exercer les affections d'une ame bienfaisante que de maintenir sa condition à tout autre égard.

Les loix conventionnelles de la société accordent en quelques cas, comme celles de l'humanité, que l'extrême nécessité d'une des parties l'emporte sur le droit de l'autre.

INSTITUTIONS
DE
PHILOSOPHIE MORALE.

SIXIEME PARTIE.

DES MŒURS
OU DES DEVOIRS
DE CONSCIENCE.

CHAPITRE I.

Des sanctions des mœurs en général.

UNe loi ou principe de mœurs est l'expression de ce qu'une personne doit faire par choix : elle prescrit une action par laquelle on est dit avoir du mérite, ou dont le contraire est un démérite.

La premiére application de la loi fondamentale de la moralité eſt négative, elle défend de faire des torts.

La ſeconde eſt poſitive, elle commande les actions extérieures de vertu ou de bienveillance envers les hommes.

Les actes de bienveillance ou de bienfaiſance ne ſauroient être arrachés par force.

L'objet de la loi de contrainte eſt la conſervation de ceux qui ſont expoſés à des torts, & qui en ſe défendant eux-mêmes ont droit de contraindre les autres, même par la force, à ſe déſiſter d'une action injuſte.

L'objet de la moralité, par rapport aux devoirs des hommes, c'eſt la vertu de ceux qui agiſſent.

La crainte aliéneroit les affections des hommes.

Les faveurs arrachées par force ſeroient un brigandage.

Quiconque employe la ſupercherie ou la force, excepté pour ſa propre défenſe, ou celle de ſes ſemblables, commet une injure.

Les ſanctions du devoir ſont celles de la religion, de l'opinion publique, & de la conſcience.

CHA-

CHAPITRE II.

Sanction de la Religion.

LA religion est le sentiment de l'ame rélativement à Dieu.

La sanction de religion c'est la tendance de ce principe à influer sur la conduite des hommes.

Cette tendance est de deux sortes.

La premiere consiste à faire que les hommes aiment la sagesse & la bienfaisance, comme étant des attributs distinctifs de l'être suprême qu'ils adorent; de leur faire aimer leur situation & leurs devoirs, comme étant déterminés par la providence.

La seconde espèce consiste à faire espérer des récompenses, & craindre des châtimens.

La doctrine religieuse des rétributions est une espèce de contrainte qui s'étend aux pensées & aux inclinations, aussi bien qu'aux actions des hommes.

Cette loi dans toute son étendue ne peut être appliquée avec sûreté par chaque personne qu'à elle-même.

Lorsque les magistrats se croyent armés de la sanction de religion, & autorisés à réprimer les pensées aussi bien que les actions, ils attentent à ce qui est placé hors de leur portée.

La superstition ou l'abus de la religion a eû des suites fatales.

Elle a fait une application fausse de l'estime morale, & substitué des rites frivoles à des devoirs.

Elle a excité l'animosité des sectes: elle a fait concevoir de la sainteté dans tout acte d'injustice & d'horreur qu'on attribuoit au zèle de religion.

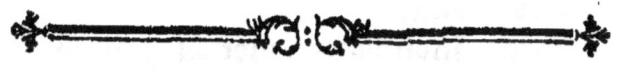

CHAPITRE III.

Des sanctions de l'Opinion publique.

CES sanctions renferment l'influence des opinions régnantes & de l'exemple: elles renferment aussi la louange & le blâme que les hommes accordent aux actions qui leur plaisent ou qui les offensent.

L'influence de l'opinion reçue & de l'exemple vient de la nature sociale de l'homme ; c'est une des conditions qui rend les hommes propres à vivre en société.

Cette influence tend au bien ou au mal, suivant la nature des opinions & des exemples qui gouvernent les hommes.

Rien ne distingue plus les hommes d'un heureux naturel que cette force qui les rend capables de corriger quelquefois les fausses opinions ; & de résister toujours à leur contagion.

C'est une partie de la nature sociale de l'homme d'aimer la louange & d'éviter le blâme.

Cette inclination met au pouvoir de chaque individu de punir ou de récompenser les actions qui lui plaisent ou qui lui déplaisent; mais comme la louange & le blâme sont souvent mal distribués, c'est une grande foiblesse d'être principalement conduit par cette considération.

CHAPITRE IV.

Sanction de la conscience.

Cette sanction consiste dans la satisfaction qu'on a de bien faire, dans la honte & le remords qui naît d'avoir mal fait.

Par cela même que les hommes désirent leur perfection, qu'ils ont de l'éloignement pour les défauts; ils se complaisent aux actions qui tendent aux fins vertueuses.

Ils ont du remords ou de la honte des actions qui tendent à une fin vicieuse.

Les sentimens de la conscience sont souvent mêlés avec ceux de la superstition ou de la coutume, & comme eux sujets à l'erreur.

L'objet de cette partie de la morale est de prévenir ou de corriger de pareilles erreurs, en montrant comment le vice & la vertu dirigent nos actions extérieures.

CHAPITRE V.

Comment la Vertu se dirige dans les actions extérieures (*).

SECTION I.

Des différentes branches de Vertu.

UN sot, dit La Bruiere, ni n'entre, ni ne sort, ni ne s'assied, ni ne se tait, ni n'est sur ses jambes comme un homme d'esprit (§). On peut dire de même qu'un fripon ne fait rien comme un honnête-homme.

La loi des actions extérieures est si essentielle à la moralité, que très-souvent on réduit toute moralité à cette loi.

Mais la vertu est réellement un attribut de l'ame, quoique le mot équi-

(*) Offices de Cicéron, livre I.

(§) Caractères ch. 1.

valent à celui de *vertu* renferme dans toutes les langues les effets & les apparences de cette qualité.

Les parties qui la constituent, sont la disposition, l'habileté, l'application & la force.

Rélativement au nombre de ces parties constituantes, la vertu a été partagée en quatre branches principales, nommées les *vertus cardinales*.

Savoir la *justice* ou la *probité*, la *prudence*, la *tempérance* & le *courage*. (*)

La *justice* ou la probité consiste à respecter les droits & le bonheur des hommes.

Les effets de la justice qui sont renfermés sous la loi d'innocence peuvent être exigés même par la force.

Ceux qui constituent la bienfaisance sont recommandés sous la sanction du devoir seulement.

La *prudence* est ce discernement qui nous fait juger de l'importance de chaque fin, & de la convenance des moyens pour y parvenir.

Sans cette qualité on n'est point pro-

(*) Cette division est si naturelle, qu'elle s'est toujours présentée d'elle-même lorsque nous avons parlé de la félicité ou de l'excellence que la nature humaine peut obtenir,

pre à agir avec fermeté, avec persévérance ni à réussir.

La *tempérance* consiste à s'abstenir des plaisirs subalternes, ou des amusemens qui nous égarent.

Personne ne sauroit s'appliquer efficacement à un objet de quelque importance s'il peut être interrompu par des plaisirs vils, ou des amusemens qui employent mal-à-propos une partie de son tems, qui étouffent ses affections ou dégradent ses talens.

La maxime de la tempérance est; qu'après avoir reconnu & constaté de quels objets il est le meilleur & le plus heureux pour nous de nous occuper, il faut juger perdus tous les momens que nous employons sans nécessité d'une manière différente.

Le *courage* est la faculté de résister aux obstacles, aux difficultés, aux dangers.

Toutes les bonnes qualités des hommes se rapportent à quelque effet qu'ils veulent produire, & à quelque difficulté qu'il faut surmonter. Par conséquent la disposition & la capacité de quelque espèce qu'elle soit ne sert à rien, sans la résolution ou la force d'ame.

SECTION II.

Des Devoirs qui se rapportent à la Probité & à la Justice.

LEs devoirs qui se rapportent à la probité, sont ou particuliers ou publics.

Les devoirs particuliers sont *l'innocence*, la *candeur*, la *piété*, *l'amitié*, la *reconnoissance*, la *libéralité*, la *charité*, la *civilité* & la *politesse*.

L'innocence est le caractère le plus indispensable de la probité.

Elle renferme outre les autres effets, la véracité & la fidélité. La première est l'opposé de la fraude ; la seconde de la perfidie.

La *candeur* est une juste condescendance pour les prétentions & le mérite des autres hommes. Elle est opposée aux préjugés que l'intérêt suggère.

La *piété* est l'exercice de la vénération & de l'amour ; d'abord envers Dieu ; ensuite envers ceux que la nature ou notre choix ont rendu les objets de notre respect & de notre affection.

Les expressions de notre piété envers Dieu, sont ou déterminées ou arbitraires.

Les expressions déterminées sont des actes de bienfaisance qui concourrent avec la providence divine pour avancer le bien de ses créatures.

Ses expressions arbitraires sont les différens rites établis dans les différens païs.

L'amitié est la bienfaisance rélative aux individus & procéde de motifs d'estime particuliére & d'attachement.

Elle renferme les devoirs réciproques des enfans & de leurs parens, des maris & des femmes, & toutes les autres rélations particuliéres.

Les devoirs des pères & mères sont d'entretenir, de protéger, d'élever leurs enfans; & autant qu'ils en sont capables de les établir & d'assurer leur état & leur condition.

Les devoirs de l'enfant sont l'obéissance, la déférence, la reconnoissance.

Plusieurs des devoirs des maris & des femmes sont conventionnels & comme tels appartiennent à la jurisprudence: mais c'est le cœur qui doit conduire dans leur observation.

Le parentage est un lien naturel.

La fortune de chaque individu est d'ordinaire comprise dans celle des familles ; & par cette liaison nos parens sont les plus prochains objets de notre bienfaisance.

La *reconnoissance* est le retour des bienfaits reçus.

Les gens de bien ne sont ni ingrats, ni jaloux de l'ingratitude en autrui.

Exiger une action basse à titre de reconnoissance, c'est renoncer à la qualité de bienfaiteur.

Le retour que prescrit la reconnoissance ne sauroit être déterminé par aucune mesure précise ni exigé par force.

Il faut regarder plus à l'intention du bienfaiteur qu'à la valeur du bienfait.

Si on établissoit que le retour pût être exigé par force, il s'ensuivroit qu'on ne pourroit pas distinguer un bienfait d'un prêt, ni les effets de la reconnoissance de ceux de la contrainte.

On allégue quelquefois l'ingratitude des hommes pour excuser sa négligence à rendre service ; mais chacun est tenu seulement de faire ce qu'il doit, & non pas de répondre de ce que d'autres feroient ou ne feroient pas difpofés à faire en retour.

La *libéralité* confifte à obliger librement autrui, en le faifant participer à ce qui nous appartient.

La *charité* confifte à foulager les malheureux en les faifant participer à ce qui nous appartient.

Une charité fans difcernement eft nuifible chez les nations induftrieufes.

C'eft une fage maxime chez ces nations, que perfonne ne doit être entretenu gratuitement s'il eft en état de gagner fon pain.

Mais la charité envers ceux qui n'ont point de pain, & qui font hors d'état d'en gagner, eft un devoir de la plus rigoureufe obligation ; & un très important objet de gouvernement.

La *civilité* eft une conduite circonfpecte dans le commerce ordinaire de la vie pour éviter d'offenfer qui que ce foit.

La *politeffe* eft l'attention à plaire & à obliger.

La civilité & la politeffe font comprifes fous le terme général de *favoir vivre*.

Le favoir vivre fuppofe le difcernement, la candeur, la bienveillance, ou du moins une crainte sincère d'offenser. Les effets de l'affectation ou de la ruse sont aisés à distinguer.

Les gens mal-élevés, ou qui manquent de savoir vivre, affectent quelquefois une grande politesse mais ils choquent & mortifient ceux qu'ils prétendent d'obliger.

La flatterie, des démonstrations outrées ou fausses sont vicieuses.

Quelquefois les sentimens du cœur s'évaporent en paroles; & de grandes démonstrations, quand même on n'a pas intention de tromper, se substituent à de vrais services.

Les devoirs publics de probité sont, la *soumission* de la part du sujet, la *protection* de la part du magistrat, & le *patriotisme* dans tous.

La *soumission* du sujet renferme la fidélité, la déférence, l'obéïssance qu'il doit au magistrat.

La *protection* qui est duë par le magistrat, c'est l'emploi de son pouvoir pour maintenir la paix & pour assurer à chaque sujet la possession de tous ses droits.

Le *patriotisme* auquel tous les membres de la communauté sont obligés consiste 1. à s'acquitter fidélement de tout office qui nous est confié pour le bien public. 2. à préférer toujours la sûreté nationale & le bien public à des intérêts séparés & à des considérations partiales.

SECTION III.

Devoirs qui se rapportent à la Prudence.

C'Est l'objet de la prudence de diriger l'homme dans ce qu'il doit souhaiter pour lui, pour son ami, pour sa patrie, & pour l'humanité.

En ce sens, la prudence est notre régle & nôtre guide dans tous nos devoirs; mais dans une acception plus limitée, la prudence se rapporte particuliérement aux devoirs qui influent sur l'état & la condition de chaque homme.

Ces devoirs peuvent se rapporter à ces principaux chefs: la *décence*, la *convenance*, la *modestie*, *l'économie*, la *résolution*, la *circonspection*.

La *décence* est la conformité de l'extérieur aux sentimens & à l'opinion des autres hommes.

Les régles de la décence sont négatives ; elles défendent une nudité, une malpropreté, une obscénité, rebutantes pour autrui.

La *convenance* est le rapport des maniéres de chaque homme, avec son âge, sa place, son rang.

Il y a dans les effets extérieurs de la vertu un rapport & une convenance avec la nature humaine qui peut être considérée distinctement des autres éloges qu'ils méritent.

La défiance de soi, la réserve avec laquelle on s'approche des mœurs & des prétentions de l'age viril, sont les qualités convenables à la jeunesse.

La *résolution* est convenable à l'age viril.

Le *calme* & la *réfléxion* à l'age avancé.

La *dignité* & la *réserve*, sans morgue & sans pétulance sont convenables dans les places distinguées.

La *déférence*, mais éloignée des mœurs serviles, convient à ceux d'un rang inférieur.

La *modestie*, est une juste réserve sur tout ce qui regarde l'appréciation de soi-même.

Elle

Elle interdit l'oftentation de ce que nous poffédons, de ce que nous avons fouffert.

L'économie confifte à proportionner fa dépenfe à fa fortune.

Lorfque la fortune conftitue le rang & le pouvoir, l'économie eft néceffaire pour maintenir fon indépendance & fa liberté.

L'intempérance & le jeu font deux oppofés de la bonne économie.

La réfolution confifte à choifir à propos ce que nous devons faire & à perfifter dans ce choix.

Elle eft oppofée à l'indécifion.

En certains cas, l'irréfolution a le même effet que le deffein de ne point agir. On perd ainfi l'occafion & toute démarche devient tardive.

La circonfpection eft une attention convenable à toutes les difficultés qui fe préfentent dans une entreprife qu'on forme.

Les grands objets de la circonfpection font de ne nous engager à aucune entreprife au deffus de nos forces, & de ne pas nous confier à ceux qui nous égarent, ou qui nous trompent.

SECTION IV.

Devoirs qui se rapportent à la Tempérance.

Les devoirs qui se rapportent à la Tempérance peuvent être compris sous deux Chefs, la *sobrieté* & *l'application*.

La *sobrieté* est l'usage modéré des alimens & des autres plaisirs corporels.

L'intempérance en général tend à produire la paresse, & la négligence des affaires.

L'usage immodéré de tout ce qui enyvre, produit cet effet dans le plus haut degré. Il fait supporter l'oisiveté & la fainéantise à ceux qui auroient été naturellement actifs.

La débauche entre les sexes étant quelquefois accompagnée de passions peut occasionner une négligence habituelle des affaires.

L'application est la préférence donnée à l'occupation sur l'amusement.

L'occupation a pour but quelque objet sérieux; l'amusement se borne à passer le tems qu'on lui donne.

La *dissipation* est une foiblesse d'ame qui la met hors d'état de se livrer par préférence & de suite aux occupations qui la rempliroient le plus complétement & avec le plus grand avantage.

SECTION V.

Devoirs qui se rapportent au Courage.

LEs devoirs qui se rapportent au courage sont la *patience*, *l'intrépidité* & la *constance*.

La *patience* consiste à supporter paisiblement & avec résolution les traverses & les peines de la vie.

L'impatience tend à réaliser les maux imaginaires & à augmenter les maux réels.

L'*intrépidité* consiste à conserver la fermeté & la présence d'esprit au milieu des dangers.

L'intrépidité est souvent nôtre plus grande sureté dans le péril.

La *constance* consiste à persévérer dans les entreprises & les desseins choisis convenablement.

Les inconstans sont rarement capables d'exécuter aucun dessein.

SECTION VI.

Usages des Régles dans la conduite de la Vie.

LA conduite dans les cas particuliers dépend du caractère & on ne peut pas substituer au jugement & à la bonne inclination d'une ame vertueuse, des régles qui ne regardent que l'extérieur de nos actions.

C'est la superstition qui a fait essayer de donner autant de poids à la doctrine des cas de conscience : Ces tentatives ont affermi l'esclavage de la superstition en multipliant les observances qui portent l'attention sur de simples rites & la détournent des qualités du cœur.

La bonne inclination & la sagesse sont nécessaires au bonheur des hommes; & la bonne conduite morale résulte nécessairement d'une bonne inclination & de la sagesse.

Il importe cependant de prévoir & d'exprimer en régles générales les effets extérieurs de la vertu.

Ces régles rendent la description de

la vertu elle-même plus détaillée & plus complète. Comme elles font foutenues par la fanction de la religion, elles peuvent procurer à la fociété l'avantage de quelques actions utiles, lors même qu'elles ne procurent pas à la perfonne qui agit la félicité d'un cœur vertueux.

SECTION VII.

Du mérite & du démérite.

LEs actions font dites avoir du mérite ou du démérite fuivant la nature & le degré des qualités morales qu'elles indiquent.

Les actions qui indiquent le plus grand dégré de bienveillance ou de bonté ont le plus grand degré de mérite.

Ainfi on convient que les actions bienfaifantes exécutées à la vuë des dangers, des difficultés & des fouffrances perfonnelles ont le plus grand degré de mérite.

Les actions qui indiquent de la malice, qui donnent l'exemple de nuire fans motifs & fans être provoqué, ont un plus grand degré de démérite.

Nous exprimons le sentiment que nous avons du démérite suivant ses différens degrés par les noms de crime, de transgression, & de faute.

Le crime est un tort fait par malice, par jalousie, par vengeance, par avarice ou par quelque autre passion qui met la discorde entre les hommes.

Une transgression est un tort fait pour satisfaire une passion qui par sa nature est compatible avec l'amitié ou la bonne volonté.

Une faute est un tort fait par inattention ou par ignorance.

Les fautes d'inattention sont blâmables à proportion de l'importance de l'objet.

Les fautes d'ignorance sont plus ou moins graves à proportion que le défaut de connoissance démontre plus de négligence ou d'inattention.

C'est une maxime générale, que l'ignorance du fait peut être admise comme une excuse légitime; mais non pas l'ignorance du droit.

L'ignorance de la loi naturelle ou du devoir seroit un des plus grands défauts d'une créature raisonnable.

INSTITUTIONS DE PHILOSOPHIE MORALE.

SEPTIEME PARTIE.
POLITIQUE

CHAPITRE I.

Introduction.

ON voit par l'histoire que les hommes ont toujours vécû en troupes & en compagnies ; qu'ils ont eu la notion du bien de communauté comme celle du bien de l'individu ; que pendant qu'ils exercent les arts chacun pour leur propre confervation, ils inftituent des formes de gouvernement & réuniffent leurs forces pour la fureté commune.

On peut démontrer que la plupart des opinions, des habitudes & des desseins des hommes résultent de leur état de societé; que les hommes sont heureux à proportion de leur amour pour l'humanité: que leurs droits & leurs devoirs sont rélatifs aux autres hommes: que par conséquent leurs principaux intérêts se trouvent dans leur rélation mutuelle & dans l'état de leurs communautés.

On nomme nation toute compagnie ou societé indépendante, composée d'hommes qui agissent sous une direction commune.

La force réunie de ce nombre d'hommes & la direction sous laquelle ils agissent se nomme l'Etat.

Une nation est heureuse quand elle est composée d'hommes heureux.

Une nation est misérable quand elle est composée d'hommes malheureux.

On peut considérer les nations rélativement à leurs ressources ou rélativement à leurs constitutions.

Les ressources nationales sont l'objet de l'économie publique.

Les constitutions nationales sont l'objet de la loi politique.

CHA-

CHAPITRE II.

De l'Economie publique.

SECTION I.

Des Ressources nationales en général.

Sous le nom de ressources nationales, on comprend tout ce qui compose la force d'une nation, ou tout ce qui peut être employé à la conserver.

On peut le rapporter à trois chefs : le nombre des hommes, leurs richesses, le revenu de l'Etat.

SECTION II.

De la Population.

La valeur d'un nombre d'hommes est proportionnée à leur union & à leur caractère.

Un nombre sans union ou sans vertu ne constitue par la force.

Quelquefois un peuple en conséquence de sa multitude se désunit & se corrompt.

Si un peuple habite un territoire très étendu, il sera peu uni & perdra de vue l'intérêt commun. Quelques-uns s'empareront des affaires & soustrairont à tous les autres les objets de zèle national & d'occupation politique. La plupart tomberont dans un état de langueur & d'obscurité, & se laisseront gouverner à discrétion.

La nature humaine n'est jamais parvenue à un plus grand degré de prospérité & de perfection que dans les Etats médiocres; dans les Etats excessivement grands, elle a le plus souvent déchû & dégénéré.

Si un trop grand nombre d'hommes est accumulé dans un espace étroit, dans une ville, ils sont sujets à se corrompre. Ils deviennent débauchés libertins, séditieux, & incapables d'affection pour le public.

L'union d'un peuple dépend des dispositions par lesquelles ses forces sont combinées pour le service de l'Etat.

L'union du peuple dans les républiques dépend plutôt de son attachement à la communauté que du pouvoir établi pour exiger ses services.

Dans les monarchies il vient du désir des dignités personnelles auxquelles les particuliers aspirent en servant l'Etat.

Dans le despotisme il vient uniquement du pouvoir destiné à exiger les services du peuple.

Le caractère national, considéré comme une ressource doit être apprécié suivant l'aptitude de la nation à recueillir, à conserver, à augmenter les avantages de sa constitution ; à soutenir l'Etat dans ses vues légitimes.

Les différentes formes de gouvernement exigent différens caractères nationaux.

Le gouvernement républicain, de quelque espèce qu'il soit, demande la plus grande probité la monarchie en exige moins : le despotisme moins encore.

Les principaux objets en tout Etat, après la constitution, sont la guerre & le commerce.

Chez les nations belliqueuses, il faut apprécier les hommes par la vigueur, le courage, la discipline.

Chez les nations commerçantes, on les estimera suivant leur industrie, &

leur habileté dans les arts lucratifs.

Les nations commerçantes peuvent estimer le progrès des arts comme le plus sûr moyen d'accroître leur nombre; car lorsque les circonstances sont favorables, la population suit le même progrès que les moyens de subsistance.

Les institutions dans lesquelles en assurant la propriété des biens, & en prévenant l'oppression, on encourage à fonder des familles & à élever des enfans; sont les plus favorables à la population.

SECTION III.

Des Richesses ou de l'Opulence.

ON estime riches ceux qui possèdent les moyens de subsistance, de commodité & de faste.

L'opulence est une ressource nationale, parce qu'elle peut être employée à entretenir des hommes utiles, ou à fournir aux besoins publics.

Les choses qui constituent l'opulence, peuvent être considérées suivant leur *valeur*, ou suivant leur *prix*.

Comme l'usage de l'opulence est de

fournir l'entretien & la commodité, la valeur de chaque objet s'eſtime ſuivant le nombre de gens qui peuvent en retirer l'un ou l'autre avantage.

Ce qui ſert à l'entretien a plus de valeur, parce qu'il eſt néceſſaire à notre exiſtence.

Les articles de commodité qui contribuent à la conſervation des hommes qui les rendent plus vigoureux & plus ſains; ces articles ſuivent de près en valeur ceux qui ſont néceſſaires à la vie.

Les articles de pur faſte n'ont aucune valeur quelconque.

Il faut eſtimer le luxe d'un peuple, parce qu'il conſomme en objet de pur faſte.

Le prix d'une marchandiſe ſe meſure par la quantité de quelqu'autre marchandiſe qui eſt donnée en échange, ou communément, ou dans une occaſion particuliére.

Le prix s'exprime & ſe paye d'ordinaire en eſpèces.

C'eſt pourquoi les eſpèces, l'argent, eſt conſidéré comme l'équivalent de toute marchandiſe, & comme conſtituant l'opulence.

Les marchandiſes ſont de même auſſi

l'équivalent des espèces, & composent l'opulence sans égard à l'argent.

Le prix des marchandises est variable : il dépend de la quantité d'espèces qui circule ; de la rareté de la marchandise ; de la quantité qu'on en demande ; de la richesse des consommateurs.

Les marchandises qui sont le produit du travail, de l'adresse & du tems ; ne sauroient être vendues longtems au-dessous du prix qui suffit à payer la subsistance de l'ouvrier & toutes ses avances.

Comme la valeur d'une marchandise est estimée par le nombre de ceux qu'elle entretiendroit ; ce qu'elle coute s'estime par le nombre d'hommes qui l'ont produite, & par le tems qu'ils y emploient.

L'opulence d'un païs est en raison de ses avantages naturels ; de l'industrie de ses habitans, des profits de son commerce.

Les avantages naturels sont un bon climat, un sol fertile, de bons matériaux.

L'industrie comprend tous les arts utiles ; l'agriculture, les fabriques & leurs diverses branches.

Les profits du commerce sont relatifs ou à celui qui produit la marchandise, ou au consommateur, ou au marchand, ou à l'Etat.

Le profit du consommateur consiste à être fourni de marchandises nécessaires ou commodes.

Celui qui produit gagne par le débit de son superflu.

Le marchand gagne par le surplus qui lui reste après le remboursement du prix & des fraix.

Le profit de l'état est l'augmentation de richesse, ou la plus grande quantité d'effets qui restent au pouvoir de ses membres.

Le commerce en pourvoyant chaque partie de ce qui lui manquoit, par le débit de ce dont elle pouvoit se passer, leur donne à toutes deux un encouragement & un moyen d'augmenter leurs productions.

Le commerce rélativement à l'Etat est intérieur ou extérieur.

Le commerce intérieur est l'échange des marchandises entre les membres du même Etat.

Le commerce extérieur ou étranger est l'échange des marchandises entre les membres de différens états.

Dans les Etats très-étendus le commerce intérieur est plus important que le commerce étranger.

Plus l'Etat s'aggrandit plus l'importance du commerce étranger diminue.

Le commerce de nation à nation peut être confidéré rélativement à la balance de prix, ou à la balance de valeur.

On entend d'ordinaire par balance de prix, ce qu'on eftime être dû par l'une des nations après avoir aprécié la totalité des marchandifes qui ont pafsé de l'une à l'autre & réciproquement.

La balance de valeur eft la différence entre la valeur réelle des effets qui ont été échangés de part & d'autre.

Il faut eftimer la balance du commerce par la balance de valeur, & non pas par celle du prix.

La nation qui a contr'elle la balance de prix, peut avoir pour elle la balance de valeur. Elle peut avoir reçu en échange des moyens de perfectionner fon agriculture, d'étendre fon commerce &c.

La nation qui doit payer la balance de prix fera obligée de fe défaire de fon argent, ou de quelque autre effet pour s'acquitter.

Un commerce où on a contre foi

la balance de prix ne sauroit être longtems continué si la nation ne remplace sans cesse par d'autre argent ou par d'autres marchandises, ce qui lui sert à s'acquitter.

Les productions de la terre fournissent un remplacement continuel & qu'on peut même accroître successivement.

Le produit des mines, ou l'importation de l'argent peuvent être continués sans cesse.

Les nations qui font une partie de leur trafic intérieur par le moyen des papiers de crédit ont besoin de moindres recrues d'argent à proportion.

L'usage des billets circulans tend à étendre le crédit.

Le crédit est utile ou nuisible suivant l'usage qu'on en fait.

Il est utile à une nation industrieuse & qui prospère.

Il est pernicieux aux nations prodigues & dissipatrices.

La dépense de transmettre de l'argent d'un païs à l'autre influe sur le prix du change des monnoies.

Celle des deux nations qui a le plus d'argent à remettre paye nécessairement cette dépense : elle a comme on l'exprime communément le change contr'elle.

Mais comme on peut remettre de l'argent pour faire un profit; il ne s'enfuit pas de l'état du change qu'une nation perde ou gagne par fon commerce.

Les profits du commerce font ou mutuels, ou pour l'une des parties feulement.

Ils font réciproques lorfque chaque peuple acquiert ce qui lui manque en échange de ce dont elle peut fe paffer: le commerce met ainfi l'un & l'autre en état de perfectionner fes matières premiéres & d'exercer les arts qui lui font propres: il procure enfin au marchand & au voiturier la récompenfe de leur travail.

Dans un commerce mutuellement utile, le peuple qui gagne le plus eft celui qui reçoit la marchandife la plus utile; celui qui reçoit le produit de plus de terre, de tems & de travail; celui qui pour exploiter fon commerce eft obligé à des occupations qui altèrent le moins fa fanté & fes mœurs.

Le profit du commerce eft d'un feul côté lorfqu'on troque des objets qui ont une valeur contre ceux qui n'en ont aucune.

D'après les principes que nous venons d'expofer, on peut former les maximes fuivantes.

1. Lorfque les profits font réciproques, aucune des deux parties ne devroit gêner le négoce.

2. Un trafic qui fe termine à donner des moyens de fubfiftance & de commodité en échange d'objets de luxe, devroit être reftraint par la nation qui perd à ce troc.

3. Les monopoles font pernicieux au négoce.

4. Il ne faut pas apprécier l'opulence d'une nation d'après l'état de fes caiffes, de fes greniers, de fes magazins en quelque tems que ce foit : on en jugera par la fertilité de fon territoire ; par le nombre, la frugalité, l'induftrie, les talens de ceux qui la compofent.

SECTION IV.

Du Revenu public.

ON appelle ainſi la portion des richeſſes nationales qui eſt attribuée aux beſoins de l'Etat.

Le revenu public dérive ou de domaines & d'objets dont la propriété a été réſervée, ou d'impôts.

La première eſpèce eſt la plus ancienne; celle qui a lieu chez les nations peu policées; elle convient à leur indolence, à l'ignorance où elles ſont des arts lucratifs.

La ſeconde ſorte convient mieux à l'induſtrie des nations commerçantes.

Il n'eſt pas de l'intérêt des nations commerçantes qu'aucun fonds reſte ſans propriétaire : Ce qui n'a point de maître eſt ordinairement négligé.

Les revenus qui viennent des impôts ou des taxes augmentent avec le nombre, l'opulence, la frugalité du peuple.

En examinant quels impôts ſont préférables, on peut admettre les maximes ſuivantes comme autant d'axiomes.

1. Il faut pourvoir aux besoins de l'Etat à tout hazard, & quoiqu'il en coute au sujet.

2. En levant les impôts il ne faut surcharger aucun sujet sans nécessité.

3. Il ne faut toucher ni à la sureté personnelle ni au droit de propriété.

4. Il ne faut charger sans nécessité aucune branche de commerce.

5. Il faut préférer les impôts dont le poids est le moins senti.

6. Il faut les lever de la manière qui est le moins à charge.

L'expérience a montré que la ferme est plus onéreuse que la régie.

On peut rapporter les différens impôts à quatre classes: La capitation, la taille réelle, le péage, l'accise.

La capitation est la taxe qui se léve également sur toute personne, pauvre ou riche.

La capitation peut être accablante pour le pauvre sans lever sur le riche ce qu'il est en état de fournir pour le besoin public.

La capitation est un symptôme de despotisme & d'oppression dans le gouvernement.

La taille est un impôt sur les facultés ; elle est proportionelle au bien qui est taxé.

Cette taxe peut être équitable, quand même les propriétés sont inégalement distribuées.

La propriété d'un fonds de terre étant aisément constatée & évaluée, la taille ne convient à aucun genre de biens autant qu'à celui-là.

Le fond d'un marchand varie sans cesse : essaier d'en constater la valeur, ce seroit donner lieu à la fraude, ou dévoiler mal-à-propos les secrets du commerce.

Le péage ou droit de douanne est une taxe imposée sur les marchandises, & avancée par le marchand.

Le péage imposé sur les nécessités de la vie est une taxe à la charge des pauvres ; elle a les mêmes effets que la capitation.

Le péage imposé sur les objets de faste, ou de commodité couteuse tombe sur les prodigues ou sur les riches.

Cette sorte de taxe est plus conforme à l'humanité & à la justice.

Les péages embarrassent le commerce, & sont quelquefois l'équivalent d'une prohibition.

Ces droits quoique avancés par le

marchand retombent sur le consommateur: mais l'impôt étant dans le coût de la marchandise, on ne le ressent pas d'ordinaire comme une taxe.

Comme il faut que le marchand, outre son rembours, trouve un profit sur ses avances; il s'ensuit que plus l'impôt a anticipé sur la vente finale, plus il est à charge au consommateur.

L'accise est un droit sur les denrées ou marchandises levé au moment de leur emploi, & payé par le consommateur.

On peut faire de l'accise une taxe sur les riches ou sur les pauvres séparément, ou sur les uns, & les autres à proportion des facultés.

L'accise est moins onéreuse au consommateur que la même somme levée par la douane; mais on la sent plutôt comme une charge, & elle donne plus d'animosité au sujet contre le gouvernement.

CHAPITRE III.

De la Loi politique (*).

SECTION I.

De cette Loi en général.

Lorsque dans les parties précédentes de cet ouvrage, nous avons eu occasion de parler des nations; elles ont été considérées relativement à l'histoire de leurs institutions politiques, ou par rapport aux fondements des droits & des obligations civiles; maintenant il faut examiner ce qui est le plus convenable dans l'établissement des constitutions.

La loi politique d'une société particuliére, c'est le corps de statuts, la coutume, la convention quelconque sur laquel-

(*) Voyez les instructions de l'Impératrice de Russie & l'Esprit des Loix, tom. I.

laquelle les inſtitutions de cette ſociété ſont fondées.

La loi politique de la nature eſt cette branche de la loi morale qui exprime ce qui eſt le plus ſalutaire dans les inſtitutions civiles que les hommes ont formées.

Voici les loix fondamentales de la nature rélativement aux inſtitutions civiles.

1. Les inſtitutions politiques ſont ſalutaires à proportion qu'elles contribuent à la ſureté & au bonheur de la nation.

2. Celles-là ſont les meilleures pour ce but qui ſont le mieux adaptées au caractère de la nation & à ſes circonſtances.

3. La plus utile diſtribution des emplois eſt celle qui s'adapte le mieux à la forme du gouvernement.

4. Les inſtitutions politiques ſont le point le plus important dans la condition extérieure des hommes.

SECTION II.

De la Sureté du Peuple.

JE n'entends pas sous le nom de *peuple* une classe d'hommes; mais tous les membres de la communauté; le magistrat & le sujet.

La sureté du peuple consiste dans la tranquille jouissance des droits de chacun.

Pour cet effet, il faut ou que personne n'envahisse le droit d'autrui, ou qu'il y ait une force suffisante pour protéger celui qui est lézé.

On ne sauroit espérer de parvenir à la première de ces deux fins; la seconde est le principal objet des institutions politiques.

Quelques sociétés se sont proposé pour but, d'avoir des membres auxquels on put confier le pouvoir, ou elles ont eu le bonheur d'en posséder.

D'autres sociétés ont eu pour but de n'accorder aucun pouvoir qui ne put être confié à quelque homme que ce fut.

POLITIQUE. 219

Ces différens cas réels ou fuppofés peuvent être nommés le régne de *l'innocence* ou de la *vertu* & le régne de la *loi*.

Sous le régne de l'innocence ou de la vertu, les queftions de forme fe décident aifément.

Sous l'empire de la loi, il eft néceffaire que les droits & les obligations foient clairement exprimés.

C'eft-là l'objet de la loi conventionelle.

Toute convention fuppofe le confentement des parties donné par elles-mêmes, ou par ceux qu'elles ont duement autorifés.

Le fouverain eft autorifé à faire des loix.

Les loix fe rapportent à la conftitution, aux droits civils, aux délits.

Les loix les plus parfaites rélativement à la conftitution, font celles qui accordent au magiftrat un pouvoir fuffifant pour réprimer le crime & défendre la fociété; mais avec des reftrictions fuffifantes pour prévenir qu'il n'en abufe.

Les loix civiles les plus parfaites font celles qui font vivre chacun en fureté dans fon état.

C'eſt la maxime fondamentale du droit civil, que chacun doit reſter maître de ce qu'il poſséde, juſqu'à-ce qu'on produiſe un titre meilleur & inconteſtable.

Les loix rélatives aux délits preſcrivent la forme des procédures, & déſignent les actes extérieurs auxquels certains châtimens ſont deſtinés.

Voici les maximes de la loi naturelle rélatives aux procès criminels.

1. Toute perſonne doit être réputée innocente, à moins qu'il ne ſoit prouvé qu'elle eſt coupable.

2. Perſonne ne doit être obligé à rendre un témoignage qui le concerne.

3. Il ne faut jamais arracher par des tourmens aucune eſpèce de confeſſion ni de découverte.

4. Perſonne ne doit être puni, à moins qu'il n'ait commis des actions extérieures que la loi prononce être des crimes.

5. Il vaut mieux laiſſer le coupable échapper que de faire ſouffrir l'innocent.

6. Le but du châtiment eſt de corriger le coupable, ou de détourner les autres du même crime.

7. Il ne faut pas que les châtimens soient tels qu'ils révoltent l'humanité, ou qu'ils portent plus de trouble dans la société que le crime même.

Pour assurer les droits que donne la loi, il faut qu'elle soit expliquée & appliquée strictement.

Sous le gouvernement de la loi, on ne sauroit confier avec sûreté des pouvoirs d'une certaine latitude, excepté à des juges choisis par les parties, ou à des jurés purifiés par les récusations des parties, & intéressés également à punir le coupable & à protéger l'innocent.

La liberté civile & politique consiste à jouir de ses droits avec sécurité.

La liberté est l'opposé de l'injustice, non pas de la gêne: bien plus; la liberté suppose nécessairement une restreinte légitime.

La liberté naturelle n'est point diminuée comme on l'avance quelquefois, par les institutions politiques; elle leur doit au contraire son existence & ne souffre de diminution que par les usurpations & les injustices.

La loi donne en différentes sociétés des droits inégaux à ceux qui en sont membres; mais la liberté consiste à jouir sûrement des droits que la loi nous donne.

Les loix les plus salutaires sont celles qui distribuent les avantages & les charges de la société de la manière la plus égale entre ses membres.

SECTION III.

Du bonheur du Peuple.

UN peuple sera heureux quand il aimera sa patrie & quand le rang & les places seront distribuées chez lui suivant le mérite & la capacité.

Ceux qui sont le moins attachés à leurs intérêts personnels, sont le plus disposés à aimer leur païs.

Ceux qui ont le moins de distinctions adventives de naissance & de fortune sont plus facilement classés suivant leur mérite & emploiés suivant leur capacité: ils se placent plus aisément de manière à exercer leurs talens & leurs vertus.

Pour qu'une société devienne l'objet suprême de l'amour de ses membres, il faut qu'elle les soulage de toute inquiétude personnelle & qu'ils puissent s'occuper de ce qui eſt rélatif au public.

Il faut qu'ils regardent l'Etat comme le père commun de tous les citoyens ; qui diſtribue avec impartialité les bienfaits & exige de tous les mêmes services.

Dès que l'Etat reſtreint la conſidération politique à un petit nombre d'hommes qui ſacrifient les droits des autres à leur intérêt ou à leur imagination, il ne ſauroit être aimé.

Rien ne cultive mieux la vertu de l'homme & ſa raiſon que d'être placé en une ſituation difficile & de pratiquer des devoirs publics.

SECTION IV.

Comment la conſtitution doit être propre à chaque peuple.

Les ſpéculatifs ont en vain tâché de former un modèle de gouvernement également propre à tout le genre humain.

Une nation ne ſauroit ni gouverner ni être gouvernée comme une autre.

Elles diffèrent par le caractère & par les circonstances.

La différence de caractère se rapporte au degré de vertu, ou de tout autre principe sur lequel le gouvernement peut compter pour obtenir de l'individu qu'il s'acquitte de ses devoirs sociaux & politiques.

Les circonstances d'une nation dépendent sur-tout de la subordination accidentelle, & de l'étendue du territoire.

La subordination accidentelle est fondée sur les distinctions originaires & adventives.

Les distinctions originaires viennent de la capacité, du naturel & de la force.

Les distinctions adventives dérivent de la fortune & de la naissance.

Les questions relatives à la convenance des institutions politiques ne peuvent se résoudre qu'hypothétiquement.

Ces questions peuvent être appliquées à quatre suppositions différentes.

PREMIÈRE SUPPOSITION.

Supposons un peuple parfaitement vertueux, où les particuliers ne se distingueroient que par leurs qualités originaires ; où ils formeroient des Etats d'une petite étendue.

Une pareille nation feroit propre à fe gouverner elle-même.

Elle pourroit ftipuler d'être gouvernée par la pluralité des affemblées générales ; ou bien fe foumettre dans les occafions à des individus : mais prétendre de pareils hommes qu'ils renonçaffent à leur propre fentiment pour fuivre celui d'autrui ; ce feroit contre notre fuppofition fubftituer le vice à la vertu.

Chez ce peuple parfaitement vertueux, chacun fupporteroit volontiers fa part des charges publiques, & recevroit en retour un degré de confiance proportionné à fa capacité & à fon expérience

N'ayant aucunes diftinctions adventives, rien n'altéreroit l'effet des qualités perfonnelles.

L'Etat ayant peu d'étendue on pourroit affembler tous le citoyens ou périodiquement ou fuivant les befoin.

Les précautions contre les crimes & contre l'abus du pouvoir feroient fuperflues.

Le feul objet du gouvernement feroit d'affembler les forces nationales & de les diriger vers un but patriotique.

Ceci, toutefois, n'est qu'une supposition ; car jamais on n'a connu de nation entiére qui fût parfaitement vertueuse.

SECONDE SUPPOSITION.

Supposons un peuple mêlé d'hommes vertueux & d'hommes vicieux, où l'on admet des distinctions adventives en différens degrés ; où les hommes sont assemblés en Etats de diverse étendue.

Ce n'est pas là une pure supposition ; c'est un fait, c'est la description la plus générale du genre humain.

S'il y a peu de différences de rang & de condition ; — si la vertu l'emporte de beaucoup sur le vice ; — si l'Etat est peu étendu ; — un tel peuple sera propre à la démocratie.

Le petit nombre des citoyens permet de les assembler.

Leurs vertus & leurs institutions pourront prévenir les crimes & l'abus du pouvoir.

Les avantages qu'ils tireront de la démocratie feront plus que compenser ses inconvénients.

Si une pareille nation est séparée en différens ordres ou classes, elle sera propre à l'aristocratie, à une république mixte ou à une monarchie mixte.

S'il y a deux classes dont l'une soit distinguée par une grande supériorité, le gouvernement aristocratique sera plus convenable.

Les nations commerçantes & d'une petite étendue ont les distinctions qui résultent de la pratique des arts, & de l'inégale distribution des propriétés : à cause de cela elles sont disposées au gouvernement aristocratique, ou à former des républiques mixtes.

La classe inférieure, si elle n'est pas très avilie ou très corrompue, pourra avoir part au gouvernement, par un pouvoir négatif sur les décisions du pouvoir aristocratique; ou bien on lui confiera le choix de ceux qui doivent agir en son nom, mais elle n'aura point de pouvoir actif dans l'Etat.

En supposant un Etat d'une plus grande étendue, un peuple plus subdivisé par le rang & la condition, il y aura plus de raisons pour justifier la préférence de la monarchie mixte.

Il seroit heureux pour les hommes de pouvoir modifier leurs gouvernemens à mesure que la vicissitude des circonstances l'exigeroit.

Lorsque les circonstances varient successivement, le gouvernement éprouve peu à peu des changemens analogues : mais les révolutions soudaines jettent les peuples dans des situations auxquelles ils ne sont pas préparés & où ils sont mal placés pour agir.

Troisieme Supposition.

Que la vanité & le sentiment de l'importance personnelle soient chez un peuple les moyens sur lesquels le gouvernement doit compter pour attendre des particuliers qu'ils remplissent leurs devoirs civils & politiques ; qu'il y ait chez ce peuple une subordination adventive perpétuelle ; sans exemple & sans désir d'égalité. — Un tel peuple n'est pas propre à se gouverner lui-même.

Il faut que sa subordination se termine à un prince, à un monarque.

La monarchie lui est nécessaire comme un lien d'union, & comme une source d'honneur.

Tandis que chacun est occupé de ses intérêts, le prince pour la conservation de sa personne & de sa dignité, est obligé de veiller à la sûreté & à l'ordre public.

Chacun dans les classes subordonnées recherchera sa faveur ; chacun pour soutenir sa dignité fera des actions éclatantes, ou utiles à la nation d'où résultera le service du monarque.

Les membres de l'Etat seront unis & se mouvront d'accord, non par un effet de l'amour de la société, ou de l'humanité ; mais par respect pour leur supérieur commun, duquel ils attendent l'avancement & l'honneur.

Les maximes de l'honneur ne changent point subitement ; les dignités accordées aux familles, quoiqu'elles procèdent du prince, sont héréditaires ; & par conséquent indépendantes.

Par ces deux raisons le prince sera obligé de gouverner suivant des loix fixes & déterminées.

QUATRIEME SUPPOSITION.

Imaginons un peuple absolument vicieux, qui ne connoîtroit ni les sentimens d'honneur, ni les distinctions héréditaires.

Un tel peuple devroit être contenu par la force.

Toute conſtitution ; celle même qui compte le plus ſur la vertu des ſujets, eſt obligée d'employer la force pour réprimer les crimes.

Si le peuple entier eſt porté au crime ; s'il n'eſt plus contenu que par la crainte ; il faut lui mettre ſans ceſſe ſous les yeux des punitions ſoudaines & effraiantes.

On pourroit employer cette ſuppoſition comme une apologie du deſpotiſme.

Lorſque tout le monde eſt diſpoſé au crime ; il faut remettre le pouvoir en auſſi peu de mains qu'il eſt poſſible.

Lorſque le pouvoir eſt entre les mains d'un ſeul ; ſuppoſé même qu'il ſoit un ſcelerat, il eſt le plus ſouvent de ſon intérêt de réprimer le crime en autrui.

Dans notre ſuppoſition, la rigueur, les cruautés du prince ne ſauroient tomber ſur l'innocent.

Ses états, ſemblables aux priſons qu'on confie à la garde d'hommes vils & impitoyables, ſeroient cependant le ſeul endroit où puſſent être reçus ceux dont l'injuſtice ne ſauroit être réprimée que par la contrainte.

Mais cette ſuppoſition, comme celle

que nous avons d'abord faite d'un peuple parfaitement vertueux, n'a jamais convenu au caractère d'aucun peuple.

Les hommes sont d'ordinaire aussi éloignés de l'une que de l'autre ; du vice sans mélange que de la vertu parfaite.

Ceux qui soutiennent que le gouvernement despotique est réellement le meilleur pour le genre humain, partent de quatre suppositions également forcées & fausses.

1. Que tous les hommes commettroient le crime s'ils osoient.

2. Qu'on ne peut réprimer le crime que par un pouvoir arbitraire.

3. Qu'une personne à qui un pouvoir arbitraire seroit confié l'employeroit à réprimer le crime en autrui, & n'en commettroit point elle-même.

4. Que l'unique objet du gouvernement est de régler les actions extérieures ; sans influer sur leur naturel, sans cultiver leur caractère.

Ces suppositions sont contraires à l'expérience.

Le fait est que les hommes ont des mœurs fort diverses ; que les mêmes loix pénales, les mêmes formes de justice, par lesquelles un peuple peut être gouverné avec succès dans l'âge de la vertu, ne suffisent pas toujours pour le contenir dans un âge corrompu.

Lorsque les passions criminelles deviennent plus violentes & plus audacieuses, il peut être nécessaire d'augmenter la mesure des châtimens.

Lorsque les crimes se multiplient, & que les coupables sont en état d'employer les formes de la justice comme des subterfuges de leur iniquité, il deviendra nécessaire de changer ces formes insuffisantes : mais il ne sera jamais nécessaire d'ôter à l'innocent la raison & la justice qui le défendent; car cette même raison, cette même justice qui protégent l'innocent condamnent le coupable.

Dans un tumulte momentané, pendant que le peuple aura un accès de fureur, quand la révolte sera déclarée, il pourra devenir nécessaire de ne plus traiter les coupables comme des sujets que la loi peut dompter; mais comme des ennemis qui ont attaqué la paix publique, & privé chaque citoyen de sa sureté; qui par conséquent ne sont plus susceptibles du bénéfice des loix jusqu'à ce que l'Etat ait recouvré sa tranquillité.

Ces discordes intestines, aussi-bien que les guerres étrangères obligent à donner pour le besoin présent un pouvoir arbitraire ; mais cette nécessité est passagère.

Le plus souvent, même dans les Etats corrompus, il est aussi important pour le sujet que pour le magistrat de maintenir la paix, & de réprimer les crimes.

Le despotisme habituel n'est jamais un expédient nécessaire ni utile ; c'est une usurpation & une calamité nationale.

Il tend à produire cet excès de corruption dont on suppose qu'il est le remède.

L'objet du gouvernement despotique n'est pas d'assurer au sujet la possession de ses droits, mais de faire de lui une propriété : ce n'est pas de réprimer le vice ; mais d'éteindre dans les cœurs toute vertu : le patriotisme, l'indépendance & le courage.

SEC.

SECTION V.

Comment les Fonctions ou les Pouvoirs doivent être distribués suivant la constitution.

Dans les gouvernemens libres, quelque nom qu'ils aient, dès que la loi est nécessaire, il faut la porter, l'expliquer, l'exécuter, ainsi les fonctions diverses dans l'Etat sont le pouvoir législatif, le judiciaire, l'exécutif.

La législation dans tous les gouvernemens, est l'acte immédiat du pouvoir souverain, & ne peut être commise à d'autres sans transporter la souveraineté.

Cette régle n'exclut pas le concours des conseils, & l'observation de quelques formes convenables à la nature du gouvernement.

Dans la démocratie la législation est exercée par le corps du peuple; mais il n'est pas besoin que le peuple délibére, il suffit qu'il décide.

Le corps du peuple peut nommer un sénat, ou choisir des conseils pour préparer les questions de législation.

Il peut varier la manière de recueillir les suffrages, & de promulguer les loix.

Il peut fixer à son gré quel nombre de suffrages est nécessaire pour composer une assemblée légale, & quelle proportion de suffrages entre ceux qui votent doit décider l'affirmative.

Dans l'aristocratie, le corps entier de ceux qui gouvernent, par droit d'élection ou d'héritage, doit exercer le pouvoir législatif.

Ils peuvent cependant agir par les mêmes formes & sous les mêmes limitations que nous venons d'indiquer comme compatibles avec la souveraineté du peuple.

Dans la monarchie la législation est entre les mains du prince.

Le prince a besoin de conseil ; & son pouvoir législatif peut être consacré par les formes d'enrégistrement ou de promulgation prescrites pour donner à ses édits force de loi.

Dans les gouvernemens mixtes de toute espèce, le pouvoir législatif doit être exercé par la réunion de tous les pouvoirs.

Si une loi avoit sa force sans le concours de l'un des pouvoirs, les autres pouvoirs auroient un moyen de supprimer celui qui seroit exclus.

Si les pouvoirs supposés collatéraux se confondoient & décidoient sur la légisiation à la pluralité des suffrages de quelque manière qu'on la réglat, le gouvernement cesseroit d'être mixte.

La souveraineté répartie entre plusieurs pouvoirs collatéraux ou co-exiſtans, se concilie avec diverses formes pour proposer les loix & les mettre en force.

Dans quelque gouvernement que ce soit, lorsque le souverain a permis que les tribunaux suivissent la coutume pour régle dans leurs décisions, on doit estimer qu'il a donné force de loi à cette coutume.

La jurisdiction, l'office de juge (ou le pouvoir judiciaire) consiste à interpréter les loix, & à les appliquer aux cas particuliers.

Cette fonction doit en tout gouvernement être séparée du pouvoir législatif.

Le souverain étant accoutumé à vouloir & à commander, ne sait pas se soumettre à une régle établie, se borner à l'expliquer seulement.

Les cas particuliers font modifiés par des circonſtances qui produiſent la prévention ou la paſſion.

Le ſouverain n'ayant point de ſupérieur pourroit ſuivre arbitrairement ſa prévention ou ſa paſſion.

Le ſouverain ayant établi la loi pourroit, par des motifs particuliers, en diſpenſer trop aiſément.

Des aſſemblées populaires, ou très-nombreuſes, ſeroient ſujettes à l'eſprit de faction.

On peut faire deux queſtions rélativement à l'exercice de la judicature. 1. Qui eſt-ce qui doit juger ? 2. De quel nombre convient-il le mieux que les tribunaux de judicature ſoient compoſés ?

Première queſtion. Dès que les loix ſont très-compliquées, la juriſprudence devient une profeſſion.

On ne ſauroit prononcer un jugement avec ſureté, ſans le conſeil des gens de loi.

La fonction pour laquelle ce conſeil eſt néceſſaire, c'eſt de déſigner la loi qui s'applique au cas particulier, & de rappeller à l'autorité de la loi en général.

Sans être juriſconſulte de profeſſion

on peut interprêter une loi & l'appliquer quand elle eſt citée, comme faiſoient les juges à Rome, & comme font aujourd'hui les jurés dans la Grande-Bretagne.

Outre le conſeil des avocats employé par les parties, le public peut en établir en faveur de la juſtice & de la loi. C'eſt la fonction des juges d'office dans la Grande-Bretagne.

En confiant tout-à-fait l'adminiſtration de la juſtice à des juges d'office, on s'expoſe aux inconvéniens que je vais dire.

Le juge d'office étant un magiſtrat continuel peut être imbu des préjugés de ſon état contre le ſujet.

Ses préventions particuliéres, ſes partialités, s'il en a, peuvent être connues.

Ceux qui ont ſa faveur ſeront tentés de tranſgreſſer la loi dans l'eſpérance de l'impunité, ou d'entreprendre un procès injuſte dans l'eſpérance du ſuccès.

Ceux qui craindront de lui déplaire ne ſe croiront pas en ſûreté, malgré leur innocence.

On remedie en grande partie à ces inconvéniens par la forme des tribunaux chez les Romains & par les jurés de la Grande-Bretagne.

Le membre d'un *juré* est également intéressé à proteger l'innocent & à condamner le coupable.

On peut donc confier au juré quelque degré de pouvoir arbitraire, pour adoucir les rigueurs de la loi, ou pour suppléer à ses défauts.

Lorsque la nation est partagée en plusieurs classes comme patriciens, chevaliers & plébeïens ; ou lords & communes ; les droits d'un des ordres ne seroient pas confiés avec sureté au jugement d'un autre ; & il seroit convenable que chaque classe fut jugée par ses pairs.

Seconde question. Sous les gouvernemens populaires, dans les républiques quelles qu'elles soient, il vaut mieux composer d'un petit nombre les cours de judicature.

Les corps nombreux portent l'esprit de faction jusques sur le tribunal ; chaque juge espére en jugeant faussement, d'être à l'abri sous l'autorité & le crédit du corps entier.

Personne n'est responsable ; personne n'est exposé aux regards ; tous sont tentés de suivre l'esprit de parti & de juger arbitrairement.

Sous un monarque il vaudra mieux que les tribunaux soient nombreux.

Ici, c'est l'influence du prince & des courtisans qui est à craindre plus que les factions populaires.

Il sera plus difficile à la puissance royale d'en imposer à un corps nombreux ou de le corrompre, qu'un juge unique ou un tribunal de peu de juges.

Les corps nombreux ont dans leurs délibérations une partie du zèle & de la chaleur qui anime les assemblées populaires; lors même qu'ils ne jugent pas avec plus d'impartialité, ils jugent avec plus d'indépendance.

L'esprit de parti qui dans les républiques seroit une corruption, tend dans les monarchies à prévenir une plus grande corruption : la crainte servile des hommes puissants.

La fonction du pouvoir exécutif est d'appliquer les forces de l'Etat à des fins nationales :

1. A rendre les loix efficaces. 2. à défendre la communauté contre les ennemis étrangers.

Les occasions d'exercer le pouvoir exécutif sont ou continuelles ou accidentelles :

telles : & dans les cas où le danger est extérieur elles exigent la diligence & le secret.

Le souverain dans les républiques étant le peuple entier, ou un corps nombreux, ne sauroit exercer le pouvoir exécutif.

Les corps nombreux ne sauroient être assemblés continuellement, ni prêts à s'assembler en tout tems.

Les résolutions du pouvoir exécutif exigent plus de secret & de diligence qu'une assemblée nombreuse ou populaire n'en permet.

Les affaires courantes, celles qui permettent qu'on différe, peuvent être confiées à un sénat, à un conseil choisi : telles sont, l'administration des finances, les négociations, les traités.

Les affaires subites, imprévues, qui ne souffrent aucune lenteur doivent être confiées à un seul : par exemple au magistrat ou à l'officier qui maintient la paix publique ; ou qui conduit les armées.

Dans la monarchie, simple ou mixte le prince est susceptible de toutes les branches du pouvoir exécutif.

Mais il doit exercer par délégués tout ce qui rendroit son pouvoir terrible ou odieux.

L

Se réserver au contraire ce qui lui peut concilier le respect & l'amour.

Les abus du pouvoir exécutif ont été différemment restreints dans les différentes constitutions.

Dans les républiques il est limité par la courte durée des emplois entre les mains de la même personne, & par la vigilance & la rivalité des compétiteurs, lorsqu'il ne l'est pas suffisamment par la modération & la vertu des gens en place.

La plus heureuse république seroit celle où l'éducation formeroit des citoyens assez vertueux pour qu'on put sans danger leur confier le pouvoir le plus étendu.

Quelques-uns des pouvoirs les plus importans à Rome & à Sparte étoient arbitraires.

Dans la monarchie, les abus du pouvoir exécutif sont prévenus par les formes de droit & par les privilèges des rangs subordonnés.

Dans toutes les constitutions on réprimera les abus si les magistrats & les ministres sont responsables de leur gestion.

Si ceux qui constituent la force confiée à la direction de la puissance exécutrice sont des hommes intégres.

Lorsque l'Elite de la Nation fait la

force militaire comme la nobleſſe en France & le *Freeholder* en Angleterc c'eſt ſon intérêt auſſi-bien que ſon devoir de prévenir l'abus.

SECTION VI.

Importance des Inſtitutions politiques.

CE ſont les inſtitutions politiques qui conſervent les droits des individus ou qui les envahiſſent ; qui placent les hommes dans la rélation d'égaux ou dans celle de maître & d'eſclave ; qui autoriſent les crimes ou qui les répriment ; qui perfectionnent les mœurs, ou qui les dépravent.

Les inſtitutions politiques tendent à augmenter le bien & le mal dont elles ſont l'origine.

Les affaires humaines en des certaines circonſtances vont à la perfection ; en d'autres elles ſe détériorent.

Les inſtitutions humaines dans les deux cas accélérent & favoriſent le cours naturel.

Les inſtitutions qui maintiennent l'égalité, qui occupent l'ame des citoyens des devoirs publics, qui leur enseignent à régler les rangs dans leur estime à proportion du mérite personnel, ces institutions tendent à entretenir & à cultiver la vertu.

Celles au contraire qui dépouillent les hommes de leurs droits, qui mettent de l'arbitraire dans leur propriétés, qui supposent que la force & la crainte des châtimens est le seul moyen de les gouverner; celles-là tendent à produire la tyrannie & l'insolence dans le souverain, l'abjection & l'esprit servile dans le sujet; à couvrir de *pâleur tous les visages* (*) à remplir tous les cœurs d'abattement & d'effroi.

Les individus ne sauroient faire aucun présent plus salutaire au genre humain que d'établir & de conserver les institutions sages.

Les renverser ou les corrompre, est le plus grand crime que les scélérats puissent commettre.

(*) Esprit des loix. l. VI. c. 5.

FIN.

TABLE
DES CHAPITRES
ET
DES SECTIONS.

PREFACE. . . . . . Pag. v.
INTRODUCTION. . . . 1.
SECTION I. De la connoissance en général. . . . Pag. 1.
SECTION II. De la Science. . 3.
SECTION III. Des Loix de la nature. 4.
SECTION IV. De la Théorie. . 6.
SECTION V. Causes qui ont retardé le progrès de la science. . 8.
SECTION VI. Maximes que la raison veut qu'on suive, dans la spéculation aussi bien que dans la vie commune. . . . 9.
SECTION VII. De la Philosophie morale. . . . . 10.
SECTION VIII. De la Pneumatique. . . . 11.

PREMIERE PARTIE.

HISTOIRE NATURELLE DE L'HOMME.

CHAPITRE I. *Histoire de l'espèce.* 13.
SECTION I. *Ordre des matières.* ibid.
SECTION II. *De la forme & de l'aspect de l'homme.* 14.
SECTION III. *Demeure de l'homme, sa manière de subsister.* 15.
SECTION IV. *Variétés de la race humaine.* 16.
SECTION V. *Période de la vie humaine.* 17.
SECTION VI. *Dispositions de l'homme à la société.* 18.
SECTION VII. *De la population.* 19.
SECTION VIII. *Variété dans le choix des objets que les hommes recherchent.* 21.
SECTION IX. *Arts & Commerce.* 23.
SECTION X. *Des rangs & de l'inégalité.* 31.
SECTION XI. *Institutions politiques.* 33.
SECTION XII. *Langage & littérature.* 37.
CHAPITRE II. *Histoire de l'individu.* 39.

SECTION I. *Ordre général.* . ibid.
SECTION II. *Conscience de sa pensée.* 40.
SECTION III. *Sensation animale & perception.* . . . ibid.
SECTION IV. *Observation.* . . 48.
SECTION V. *Mémoire.* . . 49.
SECTION VI. *Imagination.* . 50.
SECTION VII. *Abstraction.* . 51.
SECTION VIII. *Raisonnement.* 53.
SECTION IX. *Prévoyance.* . 54.
SECTION X. *Penchant.* . 55.
SECTION XI. *Sentiment.* . 57.
SECTION XII. *Désir & Aversion.* 61.
SECTION XIII. *Volition.* . 63.

SECONDE PARTIE.

THÉORIE DE L'AME.

CHAPITRE I. *Observations générales.* . . . 64.
CHAPITRE II. *Enumérations des Loix physiques.* . . . 68.
SECTION I. *Loix de l'entendement.* ibid.
SECTION II. *Loix de la volonté.* 72.
CHAPITRE III. *Où on employe les loix précédentes à expliquer les phénomènes de l'intérêt, de l'émulation, de l'orgueil, de la vanité,*

de la probité, & de l'approbation morale. . . . 77.
SECTION I. Des affections intéressées. . . . ibid.
SECTION II. Théorie de l'émulation & de la rivalité. . . 79.
SECTION III. De l'orgueil. . 81.
SECTION IV. De la vanité. . 83.
SECTION V. De la probité. . 84.
SECTION VI. De l'approbation morale en général. . . 85.
SECTION VII. De l'objet de l'approbation morale. . . 88.
SECTION VIII. Du principe de l'approbation morale. . . 89.
CHAPITRE II. De la nature de l'ame humaine, & de son attente pour l'avenir. . . . 93.
SECTION I. De l'immortalité de l'ame. . . . ibid.
SECTION II. De l'immortalité de l'ame. . . . 95.

TROISIEME PARTIE.

DE LA CONNOISSANCE DE DIEU.

CHAPITRE I. De l'existence de Dieu. 96.
SECTION I. Généralité de cette croyance. . . . ibid.

SECTION II. *Fondement de cette croyance.* 98.
CHAP. II. *Des attributs de Dieu.* 100.
SECTION I. *De ces attributs en général.* ibid.
SECTION II. *Unité de Dieu.* ibid.
SECTION III. *Puissance.* 101.
SECTION IV. *Sagesse.* ibid.
SECTION V. *Bonté de Dieu.* 102.
SECTION VI. *De la Justice de Dieu.* 106.
CHAPITRE III. *De la croyance de l'immortalité de l'ame, comme fondée sur les principes de la Religion.* 107.

QUATRIEME PARTIE.

DES LOIX MORALES ET DE LEURS APPLICATIONS LES PLUS GÉNÉRALES.

CHAPITRE I. *Définitions.* 109.
CHAPITRE II. *Du bien & du mal.* 112.
SECTION I. *Application générale de ces deux termes.* ibid.
SECTION II. *De la jouissance & de la souffrance.* 113.
SECTION III. *Des perfections & des défauts.* ibid.

SECTION IV. *De la prospérité & de l'adversité.* . . 114.

SECTION V. *Divers systèmes sur l'application des termes de* bien & de mal. . . . ibid.

SECTION VI. *Importance rélative du bien & du mal dans les diverses acceptions de ces mots.* 117.

CHAPITRE III. *de la loi fondamentale de la moralité, & des sujets auxquels on peut l'appliquer.* 125.

SECTION I. *Loi.* . . ibid.

SECTION II. *De l'application des loix de moralité à l'ame, ou du bonheur.* . . . 126.

SECTION III. *Des degrés de bonheur & du point où les hommes parviennent.* . . 127.

SECTION IV. *Des Opinions qui produisent le malheur, ou qui nous empêchent de nous perfectionner.* . . . 129.

SECTION V. *Des Opinions & des Circonstances qui produisent le bonheur ou qui sont propres à nous perfectionner.* . . 132.

SECTION VI. *Application aux actions extérieures en général.* 134.

SECTION VII. *Diversité d'opinions sur*

la moralité des actions extérieures. . . . . 135.
SECTION VIII. Causes de cette Diversité. . . . 136.
SECTION IX. Cas différent. . 137.
SECTION X. Choix différent. 138.
SECTION XI. Différentes interprétations. . . . 139.
SECTION XII. Loix fondamentales des actions extérieures. . 141.
SECTION XIII. Des différentes fonctions sous lesquelles les actions extérieures sont exigées ou défendues. 142.
SECTION XIV. Des personnes que les Loix regardent. . 143.

CINQUIEME PARTIE.

DE LA JURISPRUDENCE.

CHAPITRE I. Du Droit de Contrainte. . . . 144.
CHAPITRE II. Des Droits des hommes en général. . . 145.
CHAPITRE III. De la Loi de défense ou de protection en général. 146.
CHAP. IV. Différence des Droits. 147.
SECTION I. Division générale. ibid.
SECTION II. Des Droits personnels. ibid.

SECTION III. *Des Droits réels.* 148.
SECTION IV. *Des Droits originaires.* 149.
SECTION V. *Des Droits adventifs.* ibid.
CHAPITRE V. *Des Loix d'acquisition en général.* 150.
CHAPITRE VI. *De la Loi d'occupation.* 151.
CHAPITRE VII. *De la Loi d'acquisition par le travail.* ibid.
CHAPITRE VIII. *De la Loi d'acquisition par Contract.* 153.
SECTION I. *Des obligations du Contract.* ibid.
SECTION II. *Loix des Contracts en général.* 154.
SECTION III. *Contracts de dénominations différentes.* 156.
SECTION IV. *Exceptions aux Contracts en général.* 157.
SECTION V. *Exceptions au Contract conditionnel & réciproque.* 161.
CHAPITRE IX. *De la Loi d'acquisition par amende.* 162.
CHAPITRE X. *De la Loi d'acquisition, comme applicable à des droits particuliers.* 163.
SECTION I. *De la Possession.* ibid.
SECTION II. *De la Propriété.* 164.
SECTION III. *De l'Autorité ou du droit d'exiger des services.* 165.

CHAPITRE XI. *De la Défense de soi-même.* . . . 168.
SECTION I. *Des moyens de Défense en général.* . . . ibid.
SECTION II. *Du cas de ceux qui sont isolés ou étrangers l'un à l'autre.* . . . 169.
SECTION III. *Du cas des concitoyens.* 171.
SECTION IV. *Du cas des Nations.* 173.
SECTION V. *Conclusion de la Jurisprudence.* . . . 176.

SIXIEME PARTIE

DES MŒURS OU DES DEVOIRS DE CONSCIENCE.

CHAPITRE I. *Des sanctions des mœurs en général.* . . . 177.
CHAPITRE II. *Sanction de la Religion.* . . . 179.
CHAPITRE III. *Des sanctions de l'Opinion publique.* . . 180.
CHAPITRE IV. *Sanction de la Conscience.* . . . 182.
CHAPITRE V. *Comment la Vertu se dirige dans les actions extérieures.* . . . 183.
SECTION I. *Des différentes branches de Vertu.* . . . ibid.

SECTION II. *Des Devoirs qui se rapportent à la Probité & à la Justice.* 186.

SECTION III. *Devoirs qui se rapportent à la Prudence.* 191.

SECTION IV. *Devoirs qui se rapportent à la Tempérance.* 194.

SECTION V. *Devoirs qui se rapportent au Courage.* 195.

SECTION VI. *Usages des Régles dans la conduite de la Vie.* 196.

SECTION VII. *Du mérite & du démerite.* 197.

SEPTIEME PARTIE.

POLITIQUE.

CHAPITRE I. *Introduction.* 199.
CHAPITRE II. *De l'Economie publique.* 201.
SECTION I. *Des Ressources nationales en général.* ibid.
SECTION II. *De la Population.* ibid.
SECTION III. *Des Richesses ou de l'Opulence.* 204.
SECTION IV. *Du Revenu public.* 212.
CHAPITRE III. *De la Loi politique.* 216.
SECTION I. *De cette Loi en général.* ibid.
SECTION II. *De la sureté du Peuple.* 218.
SECTION III. *Du bonheur du Peuple.* 222.

SECTION IV. *Comment la constitution doit être propre à chaque peuple.* 223.
SECTION V. *Comment les Fonctions ou les Pouvoirs doivent être distribués suivant la constitution.* 234.
SECTION II. *Importance des Institutions politiques.* 243.

Fin de la Table des Matieres.

Le Lecteur est prié de corriger les fautes suivantes dont la plûpart altérent le sens.

Page
13. & 17. not. *lisez* de Mr. de Buffon.
24. Ligne 20. *effacez* la virgule après recours.
41.   15. saint, *lisez* sain.
46.   19. sens, *lisez* sons.
48.   13. le bien, *lisez* le lien.
49.   5. *effacez* conforme.
62.   5. sensualité, *lisez* intempérance.
60.   9. ces, *lisez* des
69.   4. d'*en bas*: ciale, *lisez* sociale.
72.   16. les, *lisez* nous.
149. dern. divertissement, *lisez* diversement.
150. dern., *ajoutez* ou l'indemnité.
166.   1. dans la, *lisez* en.
——— pénult. oirginaires, *lisez* originaires.
193.   2. & 3. *lisez* de ce que nous avons fait, de ce que nous avons souffert.
215.   2. *lisez*, l'impôt étant compris dans.

www.ingramcontent.com/pod-product-compliance
Lightning Source LLC
Chambersburg PA
CBHW050646170426
43200CB00008B/1181